DONDE ESTA EL DIOS DE ELIAS

"Cuando el cielo parece callar, es tiempo de buscar al Dios que aún habla"

LCCN: 2025941139

POR: JORGE ESTRADA

Esquema Del Libro

Dedicatoria 3

Prólogo 6

Introducción 12

Capítulo 1: Un Legado Profético 15

Capítulo 2: La Prueba Del Seguimiento 29

Capítulo 3: La Manifestación Del Dios De Elías 44

Capítulo 4: El Poder Que Trasciende Generaciones 57

Capítulo 5: La Herencia Del Fuego Divino 69

Capítulo 6: El Encuentro Con La Presencia Que Transforma 81

Capítulo 7: El Poder Que Rompe Límites 90

Capítulo 8: La Herencia Espiritual Y Su Responsabilidad 100

Capítulo 9: Significados Que Revelan Destino: Nombres Con

Propósito Divino 111

Capítulo 10: Regresando A Jericó: El Lugar De Fragancia 122

Capítulo 11: Cincuenta Testigos: Del Jordán A Pentecostés 135

Capítulo 12: El Dios De Elías Hoy 146

Conclusión: Encontrando Al Dios De Elías En Nuestro Tiempo .. 160

Dedicatoria

Dedico este libro, en primer lugar, a **Dios Padre**, fuente eterna de toda verdad, cuya soberanía sostiene el universo y cuya fidelidad ha guiado cada página escrita. A **Dios Hijo, Jesucristo**, el Verbo hecho carne, Salvador de mi alma, inspiración suprema de toda revelación y ejemplo perfecto de obediencia al llamado divino. A **Dios Espíritu Santo**, consolador fiel, quien con fuego celestial ilumina, transforma y capacita al creyente para cumplir con su propósito eterno.

A la Trinidad gloriosa, tres personas y un solo Dios, sea toda la honra, la gloria y el poder por los siglos de los siglos. Sin Su guía, este libro no tendría sentido ni poder; con Su presencia, cobra vida, dirección y propósito. Que cada palabra aquí contenida refleje Su carácter, exalte Su nombre y ministre al corazón de quien lo lea.

A mi amada esposa **Yadira**, regalo precioso de Dios en mi vida. Gracias por caminar a mi lado en fe, en esperanza y en amor. Tu paciencia, tu oración constante y tu compromiso con el llamado que Dios nos ha dado han sido un pilar fundamental en cada etapa de este viaje. Este libro también es fruto de tu respaldo silencioso, tus palabras de aliento y tu ejemplo de fidelidad al Señor. Eres mi compañera en la misión y en el ministerio, pero sobre todo, en el corazón.

A mis 3 hijos, **Gito**, **Zuri** y **Elijah**, tesoros del cielo confiados a mis manos. Ustedes han sido mi inspiración, mi impulso y muchas veces mi espejo. En ustedes veo la mano de Dios obrando generación tras generación. Gito, tu liderazgo y sensibilidad espiritual me llenan de orgullo. Zuri, tu nobleza y determinación reflejan el carácter de un hombre de propósito. Elijah, tu pasión y amor por Dios son señales de que el legado no se detendrá contigo. Oro para que el Dios de

Elías se manifieste poderosamente en cada uno de ustedes, más allá de mis propias experiencias.

A mi nuera **Fabi**, mujer virtuosa, compañera idónea para mi hijo, a quien he llegado a amar como a una hija. Gracias por honrar la familia, por tu dulzura, tu disposición, y tu devoción al Señor. Eres parte del cumplimiento de la promesa de Dios en nuestras generaciones.

A mi nieto **Jeshayah**, cuyo nombre declara que "Dios es salvación". Aunque aún pequeño, ya eres testimonio de la fidelidad divina. En ti veo el futuro de una descendencia santa, escogida para tiempos especiales. Que el Dios de Elías sea tu Dios, y que camines en unción desde tu juventud hasta tu vejez, llevando Su fuego donde quiera que vayas.

A mis queridos padres, cuyo amor, enseñanza y ejemplo han sido el cimiento firme sobre el cual he podido construir mi fe y mi vida. Gracias por su sacrificio, por sus oraciones constantes y por mostrarme el camino del temor de Dios con paciencia y sabiduría.

A ustedes, que con su ejemplo me enseñaron a buscar siempre la presencia de Dios y a confiar en Su poder, dedico este libro con todo mi corazón.

Que este legado espiritual que me entregaron continúe siendo luz y esperanza para quienes lean estas páginas y para las generaciones venideras.

Y a **CRES Ministries**, la amada iglesia que el Señor me ha honrado con pastorear, mi gratitud profunda y mi amor sincero. Ustedes no solo han sido una congregación, sino una familia espiritual, un pueblo apasionado por la presencia de Dios y hambriento por Su Palabra. Gracias por caminar conmigo en fe, por creer en el Dios de Elías junto a mí, y por ser tierra fértil donde el fuego del cielo sigue descendiendo. Cada oración, cada servicio, cada alma transformada, ha sido evidencia de que Dios está en medio nuestro. Oro para que este libro fortalezca aún más el altar que juntos hemos edificado, y que como iglesia sigamos clamando y viendo manifestarse al Dios vivo, poderoso y fiel.

Este libro es para ustedes, mi familia amada. Son parte de cada palabra escrita, de cada oración elevada y de cada lágrima derramada. Mi oración es que también en ustedes y a través de ustedes se siga respondiendo la pregunta: **¿Dónde está el Dios de Elías?**

Con amor eterno,

Jorge Estrada

Prólogo

El Dios de Elías ha sido objeto de fascinación y misterio a lo largo de los siglos. Su poder y sus manifestaciones milagrosas quedaron registradas en las Escrituras como testimonios de Su gloria y soberanía. Sin embargo, muchos se preguntan si ese mismo Dios está presente y activo en el mundo actual. ¿Dónde está el Dios que hizo temblar montañas y partió ríos? Esta pregunta es el punto de partida para este libro, que busca explorar la realidad de un Dios que trasciende el tiempo y sigue obrando en medio de Su pueblo. No se trata de un simple ejercicio histórico, sino de una búsqueda profunda para descubrir Su presencia hoy. La historia de Elías y Eliseo nos ofrece un marco para entender cómo podemos experimentar ese poder en nuestras vidas cotidianas. Este libro invita a renovar nuestra fe y a desafiar la incredulidad que a menudo limita la acción de Dios.

A través de las páginas que siguen, vamos a recorrer los momentos clave en la vida de Elías y su sucesor Eliseo. Estos profetas no solo anunciaron la palabra de Dios, sino que también demostraron Su poder en actos concretos que transformaron la historia de Israel. La narrativa bíblica de 2 Reyes capítulo 2 es fundamental para entender cómo se transmite la herencia espiritual y el poder divino. Esta transición de Elías a Eliseo simboliza algo más profundo: la continuidad del llamado de Dios y la permanencia de Su poder. Nos habla de un Dios que no abandona a Su pueblo, sino que se manifiesta generación tras generación. Este libro propone una reflexión sobre lo que significa hoy ser parte de esa herencia espiritual. Además, busca inspirar a los lectores a vivir con la certeza de que el Dios de Elías sigue presente y activo. No es un Dios lejano, sino uno cercano que desea manifestar Su gloria en nuestro tiempo.

La figura de Elías ha sido interpretada y admirada por creyentes de distintas tradiciones y épocas. Su valentía, fe y dependencia de Dios son ejemplos que continúan vigentes. En un mundo lleno de incertidumbres, Elías representa el poder de la oración, la autoridad espiritual y la fidelidad a la voluntad divina. Sin embargo, también es importante reconocer que su ministerio no estuvo exento de pruebas y desafíos. Elías enfrentó la oposición, la soledad y momentos de duda, lo que nos muestra que el camino de la fe es real y muchas veces cuesta arriba. Este libro no pretende presentar a Elías como un héroe intocable, sino como un ser humano que, a pesar de sus debilidades, fue usado poderosamente por Dios. Esto nos invita a reflexionar sobre nuestra propia vida y cómo Dios puede usarnos a pesar de nuestras limitaciones.

Eliseo, el sucesor de Elías, nos muestra otro aspecto crucial: la necesidad de un seguimiento fiel y comprometido. Su decisión de no dejar ir a Elías y de recibir la doble porción de su espíritu es un llamado a la perseverancia. En su ministerio, Eliseo realizó milagros y actos que confirmaron la continuidad del poder de Dios. Esta transferencia no fue automática ni fácil, sino el resultado de una relación profunda y un compromiso total. En este sentido, el libro también explora la importancia del discipulado y la formación espiritual. Para que el poder de Dios se mantenga vivo, es necesario que haya preparación y entrega. Además, Eliseo nos enseña que la herencia espiritual conlleva responsabilidades y desafíos. Por eso, estudiar su vida nos ayuda a entender lo que implica ser un verdadero heredero del Dios de Elías.

Este libro es una invitación a reflexionar sobre dónde está ese Dios poderoso en medio de nuestra realidad actual. Vivimos en tiempos complejos, donde la fe es puesta a prueba y las respuestas no siempre son claras. Muchas veces sentimos que el Dios de los milagros es inaccesible o que Su poder pertenece solo a épocas pasadas. Sin embargo, la palabra de Dios nos recuerda que Él es eterno y que Su poder no disminuye. Este texto busca despertar en el lector una esperanza renovada, una fe que no se conforme con lo superficial ni con lo temporal. La intención es mostrar que, a través de la historia de Elías y Eliseo, podemos encontrar claves para reconocer la acción de Dios hoy. Además, se pretende ofrecer herramientas espirituales para cultivar una relación viva con ese Dios. El propósito es que cada lector pueda experimentar la manifestación del Dios de Elías en su propia vida.

La fe en el Dios de Elías implica también un compromiso con la verdad y la justicia. Elías fue un profeta que confrontó la idolatría y la corrupción en su tiempo. Su valentía no fue para imponerse, sino para llamar a la nación a volver a Dios. Esta dimensión profética sigue siendo vital en nuestros días, donde la injusticia y el error pueden prevalecer. El llamado es a vivir con integridad y a ser luz en medio de la oscuridad. Este libro invita a cada creyente a asumir ese rol profético, no necesariamente con señales espectaculares, sino con un testimonio coherente y fiel. La herencia del Dios de Elías no es solo poder, sino también una vocación de santidad y transformación social. Así, la manifestación de Dios se refleja también en la manera en que vivimos y nos relacionamos con el mundo.

Es importante destacar que la manifestación del Dios de Elías no es un privilegio exclusivo de algunos, sino una realidad accesible a todos los que creen. El poder que Él otorgó a Elías y Eliseo está disponible para quienes se dispongan a recibirlo con fe y humildad. Este libro busca romper barreras y prejuicios que limitan la experiencia espiritual. No se trata de buscar milagros por espectáculo, sino de abrir el corazón a la obra de Dios en nuestra vida diaria. La manifestación de Su poder puede darse de muchas formas, no siempre visibles o impresionantes, pero igualmente significativas. Al comprender esto, podremos aprender a reconocer y valorar las pequeñas y grandes obras de Dios en nuestro entorno. La invitación es a vivir con expectativa y confianza, sabiendo que Dios está presente y activo. Así, podremos ser testigos auténticos del poder que Él despliega hoy.

La historia de la sucesión de Elías a Eliseo también nos enseña la importancia del liderazgo espiritual y la transmisión del llamado divino. Ningún ministerio es autosuficiente; requiere la formación de discípulos y la continuidad generacional. Este libro hace énfasis en la necesidad **de** preparar y ser preparados para asumir el llamado de Dios. La herencia espiritual no es un objeto para atesorar, sino un fuego que debe pasar de mano en mano. Cada creyente tiene un rol en esta cadena, contribuyendo a que el poder y la bendición de Dios no se pierdan. Además, el compromiso con esta herencia implica responsabilidad y sacrificio. La historia bíblica nos desafía a no ser espectadores, sino protagonistas activos en la obra de Dios. Esto requiere una entrega sincera y una fe que no se apague.

Al abordar el tema del Dios de Elías, también reflexionamos sobre la naturaleza de Dios mismo. Él es un Dios de poder, sí, pero también de amor, misericordia y fidelidad. No busca imponer Su autoridad, sino invitar al ser humano a una relación profunda y transformadora. Esta dualidad de poder y amor es clave para entender cómo se manifiesta en nuestra vida. El Dios de Elías no es un Dios distante ni aterrador, sino un Dios cercano que acompaña, fortalece y guía. La fe en Él nos invita a confiar plenamente y a entregarnos sin reservas. Este libro quiere mostrar esa dimensión integral de Dios, que actúa en justicia y ternura. Así, la experiencia espiritual se enriquece y se vuelve más real y significativa.

En tiempos donde la duda y la incredulidad parecen dominar, este libro pretende ser una voz de esperanza y desafío. Nos invita a revisar nuestra relación con Dios y a buscarlo con todo el corazón. El Dios de Elías no es un mito ni una figura del pasado, sino una realidad viva que puede transformar nuestro presente. Este texto pretender ofrecer recursos y dar esperanza para reavivar nuestro deseo ardiente en el Dios del Antiguo Testamento, ese Dios que respondía con fuego o en el viento apacible. También desafía a salir de la comodidad y a asumir el compromiso de seguir a Dios con valentía. La historia de Elías y Eliseo es un recordatorio poderoso de que Dios obra en medio de la adversidad. Que este libro sirva para despertar en cada lector ese deseo profundo de encontrar al Dios que hace maravillas. Así, podremos caminar con confianza y esperanza en medio de los desafíos.

El poder de Dios se manifiesta, en última instancia, en la transformación del corazón humano. Elías y Eliseo fueron instrumentos de ese poder que cambia vidas y renueva comunidades. Este libro nos invita a abrir nuestro corazón para permitir que Dios actúe en nosotros. La verdadera manifestación del Dios de Elías es la que produce frutos de amor, justicia, paz y santidad. Este proceso de transformación no es instantáneo ni fácil, pero sí seguro y duradero. Al aceptar este llamado, cada creyente puede experimentar la plenitud del poder divino. La invitación es a no conformarse con una fe superficial, sino a buscar una relación profunda y auténtica con Dios. Solo así podremos ser verdaderos testimonios de Su gloria.

La oración y la comunión con Dios son fundamentales para vivir la experiencia del Dios de Elías. A lo largo del libro, se ha destacado cómo la oración activa y perseverante es la clave para abrir las puertas de lo sobrenatural. La conexión constante con Dios fortalece nuestra fe y nos capacita para enfrentar los retos del camino. Además, la oración nos alinea con la voluntad divina y nos permite discernir Su acción en nuestras vidas. Este libro anima a cultivar una vida de oración sincera, que sea el motor de toda manifestación espiritual. La intimidad con Dios es el lugar donde nace el poder y la autoridad espiritual. Sin ella, cualquier ministerio se vuelve vano y frágil. Por eso, la oración es un pilar esencial para encontrar y experimentar al Dios de Elías.

El llamado a la fidelidad y la obediencia es un tema recurrente en la vida de Elías y Eliseo. Este libro resalta que el poder de Dios se activa en la medida en que respondemos con fidelidad a Su llamado. La obediencia no siempre es fácil, pero es la vía para experimentar la bendición y la manifestación divina. Ser fieles implica también estar dispuestos a enfrentar oposición, sacrificios y pruebas. Sin embargo, la recompensa es inmensa: el poder de Dios que actúa en y a través de nosotros. La herencia espiritual no es para ser guardada en un cofre, sino para ser vivida con intensidad. Por eso, este libro invita a cada lector a renovar su compromiso con Dios. La fidelidad es la llave que abre las puertas de lo sobrenatural.

La comunidad de creyentes juega un papel fundamental en la manifestación del Dios de Elías. Eliseo no actuó solo; su ministerio impactó a toda una nación. Este libro enfatiza la importancia de vivir en comunión y unidad, apoyándonos unos a otros. La manifestación del poder divino se multiplica cuando somos un cuerpo unido en fe y propósito. Además, la comunidad es el espacio donde el legado espiritual se transmite y fortalece. Vivir aislados limita nuestra capacidad de experimentar plenamente a Dios. Por eso, la iglesia y la comunidad de fe son esenciales para mantener viva la herencia de Elías. Este libro anima a valorar y participar activamente en la vida comunitaria.

Finalmente, este libro es una invitación abierta a cada lector a buscar al Dios de Elías con todo el corazón. No importa quién seas ni dónde te encuentres, Dios está dispuesto a manifestar Su poder en tu vida. La historia de Elías y Eliseo nos muestra que la fe y la obediencia pueden mover montañas. Este texto quiere ser un estímulo para renovar la esperanza y fortalecer la fe. Que cada palabra aquí escrita sirva para despertar en ti el deseo de una relación profunda y auténtica con Dios. El Dios que ascendió en fuego sigue activo y quiere revelar Su gloria en medio de nosotros. Solo necesitamos abrir nuestros corazones y responder con fe. Que este libro sea un faro que ilumine tu camino hacia la experiencia del Dios de Elías.

Introducción

En la historia de la humanidad, hay momentos donde los cielos parecen cerrados, las respuestas divinas escasean y el fervor espiritual se enfría. En tales tiempos, surgen voces que claman desde lo profundo del alma buscando una manifestación del Dios vivo. Una de esas voces fue la del profeta Eliseo, quien tras ver a su maestro ser arrebatado en un torbellino, se enfrentó al río Jordán con una pregunta que aún resuena a través de los siglos: **"¿Dónde está el Dios de Elías?"** (2 Reyes 2:14). Esta no fue una expresión de nostalgia ni de derrota, sino una declaración de fe, una búsqueda de lo sobrenatural, una necesidad urgente de ver la gloria de Dios manifestada una vez más.

El contexto de esta pregunta es crucial. Elías no era un profeta común; era un hombre de confrontación, de milagros, de fuego. Enfrentó a reyes, desafió ídolos, llamó al pueblo al arrepentimiento y fue usado por Dios en momentos de extrema necesidad. Su partida no fue una muerte ordinaria, sino una gloriosa transición al cielo en un torbellino, dejando un legado tangible: su manto. No obstante, el manto sin el Dios que respaldaba a Elías era solo una prenda vacía. Eliseo lo sabía. Por eso, cuando se quedó solo, con el manto en la mano y el río Jordán delante de él, no clamó por Elías, sino por el Dios que estaba con él. Siempre he dicho de que vale el palacio, si el Rey no ha de morar en el.

Hoy vivimos en una generación marcada por una mezcla de avances tecnológicos y decadencia espiritual. Se multiplican las voces religiosas, pero escasean las evidencias del poder sobrenatural de Dios. Hay iglesias llenas, pero altares vacíos; programas bien elaborados, pero poca presencia divina. En medio de todo esto, la pregunta sigue siendo pertinente: **¿Dónde está el Dios de Elías?** ¿Dónde está el Dios que responde con fuego, que sana a los enfermos, que resucita muertos, que confronta reyes y que sostiene a Sus siervos en los momentos más oscuros?

En un tiempo de confusión espiritual y decadencia moral, Dios levantó a hombres como Elías, profetas de fuego, que caminaron en una dimensión de poder y autoridad divina. Uno de los episodios más conmovedores y desafiantes de su ministerio se encuentra en 2 Reyes capítulo 2, donde su discípulo Eliseo clama con intensidad: **"¿Dónde está el Dios de Elías?"**

Esta pregunta no es una expresión de duda, sino un clamor profundo por continuidad, por presencia, por intervención divina. Hoy, más que nunca, la Iglesia y el mundo necesitan volver a levantar esa pregunta, no como una frase vacía, sino como un grito desesperado por un Dios real, activo y poderoso. Este libro no solo busca estudiar un capítulo histórico, sino encender una llama de fe que nos impulse a buscar al mismo Dios que respaldó a Elías.

Nace como una respuesta al clamor del corazón de aquellos que no se conforman con una vida cristiana superficial, sin poder ni profundidad. Está dirigido a los que, como Eliseo, han servido fielmente, han caminado detrás de los Elías de su tiempo, han visto milagros, pero ahora se enfrentan al desafío de caminar solos, de cruzar su propio Jordán, y necesitan una intervención real del cielo. No basta con heredar un manto, un título o una posición; necesitamos al Dios que respalda ese llamado.

A través de estas páginas, exploraremos no solo el evento extraordinario de 2 Reyes capítulo 2, sino también los principios espirituales que se esconden detrás de cada paso de ese camino profético: la perseverancia de Eliseo, la fidelidad de Dios, la transferencia de unción y el poder que se activa en el clamor ferviente. Este no es un análisis meramente teológico, sino una convocatoria profética: Dios está buscando a los Eliseos de esta generación, aquellos dispuestos a clamar, a cargar el manto y a manifestar Su gloria en un mundo sediento.

El Dios de Elías no está ausente. Él no ha cambiado. Su poder sigue siendo el mismo, pero está esperando a hombres y mujeres que se atrevan a preguntar con fe, no con resignación: **¿Dónde está el Dios de Elías?** Cuando esta pregunta brota del corazón correcto, se abre el cielo, las aguas retroceden, y el poder de Dios se activa en una nueva dimensión. Que al leer este libro, tu espíritu sea encendido y te conviertas no solo en alguien que hace la pregunta, sino en alguien por medio de quien esa pregunta encuentra su respuesta.

Capítulo 1: Un Legado Profético

Un legado es mucho más que una simple herencia material o un conjunto de recuerdos. Es la transmisión de valores, enseñanzas, experiencias y una visión que perdura más allá de la vida de quien lo deja. En esencia, un legado es aquello que una persona, generación o comunidad entrega a las siguientes, como un tesoro que tiene el poder de moldear destinos y transformar realidades. No se trata solo de objetos físicos o riquezas, sino de todo aquello que forma parte del alma y del espíritu: la sabiduría, el ejemplo, la misión y la inspiración. Un legado es la huella que alguien imprime en el tiempo, dejando una marca indeleble en quienes le siguen. En el ámbito espiritual, un legado se convierte en un llamado a continuar una obra divina, a mantener viva una promesa y a asumir una responsabilidad sagrada.

Cuando hablamos del legado profético, nos referimos a esa herencia espiritual y ministerial que Elías transmitió a Eliseo, y que hoy sigue vigente para todos aquellos que desean caminar en la verdad y el poder de Dios. Este legado incluye no solo el manto visible que pasó de un profeta a otro, sino también la carga espiritual, la unción y la misión divina. Es un legado de valentía, fe y obediencia que desafía a las generaciones a levantarse con la misma pasión y compromiso. El legado profético es, en definitiva, una invitación a responder al llamado de Dios con entrega total y a vivir una vida que impacte para Su gloria. Entender qué es un legado y cómo se transmite nos ayuda a valorar la importancia de ser continuadores fieles de la obra que otros comenzaron.

En la historia bíblica, los legados son piezas fundamentales que conectan el pasado con el presente y el futuro. Son señales de que Dios actúa a través de personas que cumplen un propósito específico en su tiempo, dejando una influencia que trasciende su propia vida. En el caso de Elías, su legado fue un mensaje de esperanza y restauración en medio de una nación caída en la idolatría. Al pasar ese legado a Eliseo, Dios aseguró que Su palabra y Su poder no se extinguirían, sino que se multiplicarían. Cada legado profético, por tanto, es una expresión del plan eterno de Dios para restaurar, guiar y bendecir a su pueblo. Reconocer esta continuidad nos anima a ser parte activa de esa cadena espiritual.

Además, el concepto de legado implica una responsabilidad ineludible. Recibir un legado no es solo un privilegio, sino un compromiso que debe honrarse y defenderse. Eliseo asumió con seriedad esa tarea cuando tomó el manto de Elías, consciente de que el llamado era para toda la vida. Un legado sin cuidado puede perderse o deformarse, pero cuando se preserva con fe y dedicación, se convierte en una fuente inagotable de bendición. La herencia profética nos desafía a ser guardianes fieles de la verdad y a actuar como instrumentos de Dios en tiempos difíciles. Esta responsabilidad se extiende a cada creyente llamado a continuar la obra de su generación.

Por último, comprender qué es un legado nos ayuda a valorar la dimensión eterna de nuestras vidas y acciones. Todo lo que hacemos puede ser parte de un legado, ya sea en la familia, la comunidad o en el plano espiritual. El legado es el puente que une nuestra historia personal con el propósito divino y con la esperanza de un futuro mejor. En el caso de Elías y Eliseo, ese legado es testimonio de que Dios siempre provee sucesores para Su obra y que el poder que mueve la historia está en Sus manos. Así, un legado profético no termina con una persona, sino que se perpetúa en cada alma dispuesta a tomar el manto y continuar la misión.

El ministerio de Elías no fue solo una serie de milagros o enfrentamientos con reyes idólatras. Fue un legado profético que marcó generaciones, un llamado a volver al Dios verdadero en medio de un pueblo dividido y confundido. Elías aparece en escena en un tiempo donde el pueblo de Israel había abandonado el pacto, reemplazando la adoración a Jehová por la idolatría a Baal. Fue en ese contexto que Dios levantó a Elías como un profeta de confrontación, de santidad, de fuego. Su vida fue una continua demostración del poder de Dios, pero también un llamado al arrepentimiento.

Uno de los aspectos más importantes del legado de Elías fue su relación con Eliseo. En un momento clave de su ministerio, Dios le habló directamente: *"Unge por profeta en tu lugar a Eliseo, hijo de Safat"* (1 Reyes 19:16). Esta orden no era simplemente la transferencia de un oficio; era el comienzo de una preparación profunda. Elías, aunque poderoso, no fue llamado a ser eterno. Su llamado tenía un tiempo, y era necesario dejar un sucesor. El verdadero éxito de un ministerio no está en cuánto logra una persona, sino en cuánto deja sembrado en otros.

Eliseo no fue un espectador del ministerio de Elías, sino un discípulo fiel. Dejó sus bueyes y su vida anterior para seguir al profeta, sirviéndolo durante años. Fue conocido como "el que servía a Elías" (2 Reyes 3:11), lo cual revela una verdad espiritual importante: antes de cargar un manto profético, se debe aprender a cargar una toalla de servicio. Muchos anhelan la unción de Elías, pero pocos están dispuestos a caminar el proceso de Eliseo. El legado no se recibe por deseo, sino por perseverancia.

Este capítulo inicial de nuestro estudio resalta que el legado profético no es una idea romántica ni una herencia automática. Es una responsabilidad divina que requiere tiempo, obediencia y entrega. Elías no solo impartió palabras poderosas, sino que dejó un modelo de fidelidad al llamado, de dependencia total en Dios y de confrontación sin miedo al pecado. Ese legado fue lo que Eliseo valoró más que cualquier cosa. Cuando Elías le ofreció pedir algo antes de ser arrebatado, Eliseo no pidió riquezas, fama ni posición; pidió una **doble porción del espíritu de Elías** (2 Reyes 2:9). No buscaba una copia superficial, sino una intensificación del llamado.

Este deseo de Eliseo nos enseña que el legado no se perpetúa repitiendo fórmulas, sino buscando con más intensidad al Dios del legado. Lo que Eliseo quería no era ser como Elías, sino ser más efectivo aún para la gloria de Dios. Aquí vemos la humildad y a la vez la ambición santa que debe caracterizar a los verdaderos herederos del ministerio espiritual. Elías le dijo: *"Cosa difícil has pedido"* (2 Reyes 2:10), no porque fuese imposible, sino porque recibir el legado conlleva precio, carga y responsabilidad.

En un mundo donde muchos buscan títulos rápidos y plataformas instantáneas, el ejemplo de Eliseo nos desafía. El legado profético se recibe caminando cerca del mentor, escuchando su voz, sirviendo en silencio, aprendiendo en el camino. Es más que una experiencia poderosa; es una formación continua. Elías no dejó un sucesor simplemente por una elección humana, sino por dirección divina y prueba de carácter.

Hoy, más que nunca, necesitamos volver a levantar este modelo. Necesitamos líderes dispuestos a invertir tiempo en formar a otros, y discípulos dispuestos a ser formados. El ministerio no es algo que se hereda por genética espiritual, sino que se recibe por impartición divina, a través del proceso. Si queremos ver al Dios de Elías manifestarse en esta generación, debemos estar dispuestos a recibir y transmitir un legado auténtico, con pasión, fidelidad y temor de Dios.

La Biblia nos enseña que todo lo que fue escrito antes, lo fue para nuestra enseñanza (Romanos 15:4). Por lo tanto, el relato del ministerio de Elías y su traspaso a Eliseo no es solo una historia del pasado, sino un patrón espiritual para nuestro presente. Dios sigue levantando Elías, pero también sigue buscando Eliseos. Cada generación necesita hombres y mujeres que no solo admiren el poder de Dios en otros, sino que estén dispuestos a cargar ese mismo fuego y continuar la obra. El legado profético es una llama que debe pasar de mano en mano, sin perder su intensidad.

Un error común es pensar que lo glorioso de Dios quedó en el pasado. Algunos leen sobre Elías y Eliseo como si fueran personajes de fábula o modelos inalcanzables. Pero la Escritura aclara que Elías era *"hombre sujeto a pasiones semejantes a las nuestras"* (Santiago 5:17). Es decir, era humano, con debilidades y luchas, pero caminó en obediencia y dependencia del Espíritu. Eso lo hizo un canal del poder de Dios. Si Elías pudo vivir así en medio de una generación corrupta, nosotros también podemos. No se trata de admirar al profeta, sino de seguir al Dios que lo capacitó.

Además, es importante entender que el legado profético no se trata solo de milagros y señales. Elías fue un hombre de intercesión, de confrontación contra la idolatría, y de profundo celo por la gloria de Dios. Su vida fue marcada tanto por momentos de victoria como por episodios de quebranto, como cuando huyó al desierto y pidió la muerte. Y sin embargo, aun allí, Dios lo fortaleció, lo restauró y lo reenfocó. Esto nos enseña que el legado también incluye aprender a levantarse después de caer, a seguir caminando cuando las fuerzas se agotan, y a confiar cuando todo parece perdido.

Eliseo no heredó solo un manto; heredó una carga espiritual. No fue simplemente un sucesor funcional, sino un continuador del mensaje, del corazón de Dios para Israel. Su compromiso fue tan genuino que, después de recibir el manto, hizo lo mismo que Elías había hecho: golpeó las aguas del Jordán, invocó el nombre de Dios y caminó con autoridad. No buscó innovar por vanagloria, ni cambiar el modelo divino; su objetivo era que el mismo Dios que respaldó a su maestro lo respaldara a él. Y así fue. El legado se confirmó en la manifestación del poder.

Hoy debemos preguntarnos: ¿estamos recibiendo un legado profético o simplemente acumulando información espiritual? ¿Estamos levantando discípulos o generando espectadores? ¿Queremos la unción o solo la admiración? El legado de Elías no es un monumento del pasado, es una invitación al presente. Dios sigue buscando hombres y mujeres que lo representen con integridad, pasión y poder. Pero para eso, debemos estar dispuestos a caminar como Eliseo: dejando todo por seguir el llamado, sirviendo con humildad, y clamando por más de Dios, no por más fama.

En muchas congregaciones de hoy, se habla de un "mover profético", de un "nuevo tiempo", y se usan términos como "unción" y "transferencia", pero pocos entienden el costo de portar un verdadero legado espiritual. El ministerio profético no se trata de títulos, plataformas o popularidad. Es una vida de altar, de oración secreta, de obediencia radical. Elías vivía escondido en la presencia de Dios antes de presentarse ante el rey. Su autoridad pública era el resultado de su comunión privada. Y ese patrón es inalterable. No hay legado sin intimidad.

Uno de los peligros de esta generación es querer la manifestación sin la formación. Queremos el poder de Elías, pero sin su proceso. Queremos que Dios nos use en grande, pero no queremos pasar por las estaciones de soledad, pruebas y renuncias que moldean el carácter. El legado profético no se deposita en corazones superficiales, sino en aquellos que han sido quebrantados y formados en el secreto. Eliseo caminó años tras Elías sin títulos, sin protagonismo, aprendiendo, sirviendo, observando. Y cuando llegó su momento, estaba listo.

La fidelidad en lo pequeño fue la plataforma sobre la que Eliseo recibió lo grande. Mientras otros profetas se quedaban a la distancia, Eliseo seguía de cerca. No se detuvo en Bet-el, ni en Jericó, ni en el Jordán. Cada parada representaba una oportunidad para quedarse atrás, pero su determinación fue más fuerte que su comodidad. ¿Cuántos hoy están dispuestos a pagar el precio de caminar hasta el final? ¿Cuántos se conforman con un toque momentáneo, cuando Dios quiere darles una porción permanente?

Cuando Eliseo pidió la doble porción, estaba pidiendo más que milagros: estaba pidiendo la responsabilidad de continuar el ministerio, de enfrentar lo que Elías enfrentó, y aún más. No era un deseo egoísta, era un reconocimiento del tamaño del desafío delante de él. Entendía que no bastaba con imitar a Elías; necesitaba más de Dios. Ese es el corazón de alguien que ha sido formado bajo un legado verdadero: sabe que sin la presencia de Dios, el manto no tiene poder.

El legado profético también se transmite con palabras, pero sobre todo con ejemplo. Elías no solo predicó con la boca; predicó con su vida. Su valentía, su consagración, su dependencia del cielo eran evidentes. Por eso Eliseo no solo recibió información, sino impartición. Hoy, en nuestras iglesias y ministerios, necesitamos volver a ese modelo. No basta con enseñar; debemos formar. No basta con predicar; debemos discipular. No basta con levantar líderes; debemos levantar herederos espirituales.

Es importante destacar que el legado también requiere discernimiento. Elías no eligió a Eliseo por conveniencia ni por carisma, sino por dirección de Dios. Y Eliseo, por su parte, respondió al llamado con obediencia total. Quemó sus bueyes, rompió su arado y dejó su pasado atrás. Esto representa una ruptura con la vieja vida, con la seguridad personal, con la independencia. No se puede caminar en un legado profético sin una entrega total. El ministerio no es una carrera profesional; es un llamado divino que demanda todo.

Además, el legado no termina cuando se recibe el manto. Ahí apenas comienza la verdadera responsabilidad. Eliseo tuvo que demostrar que no solo tenía la cobertura de Elías, sino también la comunión con Dios. El río Jordán fue su primer desafío, y allí clamó: *"¿Dónde está el Dios de Elías?"* (2 Reyes 2:14). No estaba pidiendo una emoción, sino una intervención. Su fe activó el mismo poder que había visto en su mentor. El legado funcionó porque el Dios del legado estaba con él.

Dios sigue siendo el mismo. Su poder no ha menguado. Pero Él no deposita su gloria sobre cualquiera. Busca corazones dispuestos, manos limpias, rodillas dobladas. Así como Elías preparó a Eliseo, Dios hoy quiere preparar a una generación que no se conforme con recuerdos, sino que anhele manifestaciones frescas. Hombres y mujeres que no solo hablen de avivamiento, sino que lo vivan. Que no solo escuchen sobre el poder de Dios, sino que lo experimenten en su caminar diario.

En esta hora crucial, Dios está llamando a los próximos Eliseos. Aquellos que han servido en silencio, que han sido fieles en el anonimato, que han pasado por pruebas sin rendirse, y que ahora están listos para tomar el manto. Pero también está llamando a los Elías de hoy: líderes maduros, mentores espirituales, padres en la fe que estén dispuestos a invertir, a formar, a soltar. Porque no hay legado sin transferencia, ni transferencia sin relación.

El legado profético que Elías transmitió a Eliseo no fue solo una herencia de poder, sino una transmisión de una misión divina que trascendía generaciones. Este legado es un llamado a la fidelidad y al compromiso con la voluntad de Dios en medio de tiempos difíciles. Elías vivió en una época marcada por la idolatría y la corrupción, y su profecía fue un instrumento para restaurar la verdad y la justicia. Su legado incluye la valentía para confrontar el pecado y la perseverancia para mantenerse firme ante la oposición. Eliseo, al recibir esta herencia, no solo tomó el manto de Elías, sino también su espíritu y su propósito. Este legado se convierte en un modelo para todos los que desean seguir a Dios con pasión y entrega. La herencia profética no es un simple recuerdo, sino una responsabilidad activa que exige acción y obediencia. Cada generación está llamada a vivir y renovar este legado según los tiempos y las circunstancias. La continuidad del legado profético asegura que la voz de Dios siga resonando en medio del mundo. Así, el legado de Elías es un faro que guía a quienes buscan la verdad divina.

La transmisión del legado profético también implica un proceso de preparación y entrenamiento espiritual. Eliseo no recibió el poder inmediatamente; tuvo que caminar, aprender y demostrar su fidelidad. Este proceso nos enseña que la herencia espiritual no es automática, sino que se gana mediante la perseverancia y la humildad. La formación espiritual es fundamental para que el legado se mantenga vivo y auténtico. Elías fue más que un profeta; fue un mentor que enseñó con el ejemplo y con la palabra. Eliseo aprendió a depender totalmente de Dios y a discernir su voz en cada situación. Este proceso de aprendizaje prepara al discípulo para enfrentar desafíos mayores y asumir responsabilidades mayores. La transmisión del legado es un acto sagrado que implica cuidado y dedicación. Elías supo que su tiempo estaba por concluir y por eso se aseguró de dejar un sucesor preparado. Este entrenamiento espiritual garantiza la continuidad del propósito divino.

El impacto del legado profético se refleja en la transformación de vidas y comunidades. Elías fue instrumento de cambios profundos en Israel, llamando a la nación a regresar a Dios. Su legado no solo impactó a Eliseo, sino también a toda una generación de profetas y creyentes. Eliseo continuó la obra de su maestro con un poder incluso mayor, realizando milagros y proclamando la palabra de Dios. Este impacto demuestra que un legado espiritual bien transmitido puede cambiar la historia. La influencia del legado profético va más allá del tiempo y del espacio, tocando corazones y renovando la esperanza. Cada profeta, al tomar su lugar, se convierte en un canal de bendición para su pueblo. Elías y Eliseo son ejemplos vivos de cómo el legado puede extenderse y multiplicarse. La fidelidad en la transmisión del legado es clave para el avivamiento espiritual. Así, el legado profético es una fuerza que impulsa la renovación y la santidad.

El legado profético también conlleva un llamado a la responsabilidad personal y comunitaria. No basta con recibir el manto; es necesario vivir acorde con el llamado y ser testigos fieles. Eliseo asumió esta responsabilidad con seriedad y dedicación, sabiendo que representaba la continuidad del propósito de Dios. La herencia espiritual exige un compromiso ético y moral que impacta cada área de la vida. Este compromiso es una respuesta al amor y la gracia recibidos de Dios. La responsabilidad incluye también el cuidado y la formación de otros, para que el legado no se pierda. Cada generación debe asumir su rol como custodios del legado espiritual. Esta responsabilidad nos invita a vivir con integridad, valentía y pasión. El legado profético es un llamado a ser luz en medio de la oscuridad. Así, la responsabilidad es la manifestación práctica del legado recibido.

La dimensión comunitaria del legado profético es fundamental para su efectividad. Elías y Eliseo no trabajaron en aislamiento, sino que fueron líderes dentro de un cuerpo espiritual. Este legado se vive y se multiplica en la comunión y en la unidad del pueblo de Dios. La comunidad es el contexto donde el legado se manifiesta en poder y en testimonio. La relación entre los profetas y los hijos de los profetas muestra la importancia de la enseñanza y el acompañamiento mutuo. La comunidad sostiene y fortalece a cada creyente en su llamado. Un legado profético sin comunidad pierde fuerza y alcance. La comunión espiritual permite que el legado trascienda lo individual y se convierta en movimiento. La responsabilidad compartida es una bendición que impulsa el avance del Reino. Así, el legado profético se vive plenamente en la comunidad de fe.

El legado profético también se relaciona con la continuidad del Espíritu Santo en la vida del creyente. Elías fue un hombre lleno del poder del Espíritu, y su legado incluyó la promesa de que este poder no cesaría con su partida. Eliseo recibió una doble porción de ese espíritu, una señal de que la obra de Dios continuaría con mayor fuerza. Esta continuidad espiritual es esencial para que el legado sea dinámico y efectivo. El Espíritu Santo capacita, guía y fortalece al profeta en su misión. El seguimiento del legado implica vivir en sintonía con la presencia y el poder del Espíritu. Sin esta conexión, el legado se vuelve solo historia y pierde su capacidad transformadora. La experiencia de Elías y Eliseo muestra que el Espíritu es el motor del legado profético. Por eso, cada creyente debe buscar y cultivar esta relación vital. El legado se renueva cada vez que el Espíritu se manifiesta en poder y amor.

Elías dejó una herencia de valentía para enfrentar el mal y la injusticia. Su vida fue un testimonio de coraje espiritual que desafió reyes y sacerdotes corruptos. Este legado de valentía es un llamado a no temer ni retroceder ante las adversidades. Eliseo continuó esta lucha con firmeza, mostrando que el coraje nace de la confianza en Dios. La valentía profética no es ausencia de miedo, sino la determinación de avanzar a pesar de él. Este valor es imprescindible para quienes desean vivir el legado de Elías. La valentía transforma el temor en fuerza y la duda en certeza. Es la cualidad que permite hablar la verdad en tiempos de engaño y oscuridad. El legado de valentía impulsa la misión profética a nuevas alturas. Así, la valentía es un sello del verdadero discípulo de Dios.

El legado profético implica también una profunda sensibilidad espiritual para discernir la voluntad de Dios. Elías fue un hombre que escuchó atentamente la voz divina y actuó conforme a ella. Esta capacidad de discernimiento es vital para el cumplimiento fiel del llamado. Eliseo aprendió a buscar y reconocer las señales de Dios en medio de circunstancias cambiantes. El discernimiento espiritual protege al profeta de errores y engaños. Es un don que se cultiva con oración, estudio y obediencia. La sensibilidad espiritual permite actuar con sabiduría y eficacia. La herencia de discernimiento es un elemento clave para la continuidad del legado. Sin ella, la misión puede desviarse o quedar incompleta. Por eso, el legado profético incluye la invitación a desarrollar esta habilidad divina.

Elías dejó una enseñanza profunda sobre la dependencia total en Dios. Su vida mostró que el poder no estaba en el hombre, sino en el Dios que lo respaldaba. Este legado invita a los seguidores a confiar plenamente en la soberanía y provisión divina. Eliseo comprendió que sin esta dependencia no podría continuar la obra de su maestro. La dependencia en Dios es un acto de humildad y reconocimiento del poder superior. Este principio fortalece al creyente en momentos de crisis y desafío. La herencia espiritual nos llama a vivir en comunión constante con Dios. Solo así el legado se mantiene vivo y efectivo. La dependencia es la fuente de la fortaleza y la sabiduría. Elías y Eliseo son modelos de esta confianza absoluta.

El legado profético también nos desafía a ser agentes de cambio en la sociedad. Elías confrontó la idolatría y la corrupción, buscando restaurar la justicia y la verdad. Este llamado a la transformación social es parte integral del legado. Eliseo continuó esta tarea, actuando como instrumento de Dios para la renovación del pueblo. El profeta no es un espectador pasivo, sino un actor comprometido con la restauración. El legado profético exige valentía para denunciar el mal y trabajar por el bien común. Esta dimensión social es una expresión del amor divino por la humanidad. Los seguidores de Elías están llamados a influir positivamente en su entorno. La transformación social es fruto del poder y la presencia de Dios en la vida del profeta. Así, el legado profético es una fuerza que renueva sociedades.

La herencia profética también implica un compromiso con la oración y la intercesión. Elías fue un hombre de oración ferviente, que intercedió por su pueblo y por la manifestación del poder de Dios. Esta práctica es fundamental para sostener el legado y para abrir puertas en el cielo. Eliseo aprendió la importancia de la oración constante y la intercesión poderosa. La oración mantiene la conexión con Dios y activa su intervención divina. La herencia espiritual nos llama a ser vigilantes en oración. La intercesión es un acto de amor y responsabilidad hacia la comunidad. El profeta es un puente entre Dios y el pueblo, un canal de bendición. La oración es el motor que impulsa la misión profética. Por eso, mantener esta disciplina es vital para el legado.

El legado profético es un llamado a la esperanza en medio de la adversidad. Elías enfrentó tiempos oscuros, pero nunca perdió la visión de la victoria divina. Este legado nos recuerda que Dios está siempre presente, incluso cuando parece ausente. Eliseo recibió esa esperanza y la transmitió con poder y convicción. La esperanza es el ancla que sostiene al creyente en la batalla espiritual. El legado profético fortalece esta esperanza, porque se basa en la fidelidad de Dios. Cada generación tiene la tarea de renovar esta esperanza para su tiempo. Vivir el legado es vivir con la mirada puesta en la promesa divina. Así, el legado profético es una fuente constante de fortaleza y aliento. La esperanza es la llama que no debe apagarse jamás.

Concluimos este capítulo con una verdad poderosa: el legado profético no se improvisa, se cultiva. Es el fruto de años de obediencia, de sacrificio y de rendición a la voluntad de Dios. Y ese legado, cuando se transmite con fidelidad, tiene el poder de impactar no solo una generación, sino muchas. Que tú seas parte de ese linaje espiritual. Que tú seas el Eliseo que toma el manto y pregunta con fe: **¿Dónde está el Dios de Elías?**

RESUMEN

- **El llamado de Dios a Elías: inicio de una herencia eterna**

  Explora cómo el llamado de Dios a Elías marcó el comienzo de una misión trascendental. Se reflexiona sobre cómo un llamado auténtico no solo impacta la vida del que lo recibe, sino que siembra una semilla que dará fruto en generaciones futuras. El legado profético comienza con una respuesta obediente al llamado divino.

- **Formando herederos espirituales: la importancia del discipulado profético**

  Aquí se destaca la relación entre Elías y Eliseo como modelo de mentoría espiritual. Se analiza cómo el legado profético no es sólo una experiencia sobrenatural, sino una responsabilidad que debe ser compartida, enseñada y transmitida a otros. Un verdadero legado permanece cuando se forma a quienes lo continuarán con fidelidad.

- **La permanencia del testimonio profético en tiempos de crisis**

  Reflexiona sobre cómo Elías se mantuvo firme en medio de apostasía, persecución y soledad, y cómo su testimonio trascendió más allá de su generación. El legado profético es también una voz en el desierto, un faro en tiempos de oscuridad, que sigue guiando a los que buscan la verdad en medio de la confusión espiritual.

Capítulo 2: La Prueba Del Seguimiento

Seguir a Dios no es un camino recto y sin obstáculos. Es una travesía de fe que exige determinación, constancia y visión. Eliseo lo entendió cuando decidió seguir a Elías. Desde el momento en que respondió al llamado, su vida cambió para siempre. Ya no se trataba de arar la tierra, sino de prepararse para ser parte de un movimiento sobrenatural.

El seguimiento verdadero siempre será probado. Dios no promueve a nadie sin examinar su corazón. Eliseo pasó por un proceso de formación y evaluación antes de recibir el manto. Acompañó a Elías durante años, pero fue en su último recorrido juntos donde se reveló si estaba realmente calificado para continuar el legado.

En 2 Reyes capítulo 2, encontramos una secuencia de ciudades por las que Elías y Eliseo caminaron juntos: Gilgal, Bet-el, Jericó y el Jordán. Cada lugar representa una estación espiritual en el proceso del seguimiento. No fue una simple caminata geográfica, sino una ruta de pruebas divinamente establecidas.

La primera estación fue Gilgal, un lugar de separación. En tiempos de Josué, Gilgal fue donde el pueblo de Israel fue circuncidado, simbolizando la separación del pasado egipcio. Para Eliseo, representaba dejar atrás su vida anterior. Para nosotros, Gilgal es el punto donde debemos renunciar a nuestras viejas costumbres, ambiciones personales y depender completamente de Dios.

Seguir a Dios requiere cortar con lo que fuimos para abrazar lo que seremos. Muchos quieren la unción de Eliseo, pero no están dispuestos a pasar por su Gilgal. Dios no unge carne no crucificada. Antes de darnos autoridad, nos pide rendición.

En Gilgal, Elías le dijo a Eliseo: "Quédate aquí". Era una prueba. Nadie hubiera culpado a Eliseo si se hubiera quedado. Había servido con fidelidad. Pero él respondió: "Vive Jehová y vive tu alma, que no te dejaré". Fue firme. Determinó seguir, aun cuando no era cómodo. Esa fue su primera victoria.

La segunda estación fue Bet-el, casa de Dios. Allí estaba una comunidad profética, y otra vez Elías le dijo que se quedara. Eliseo rechazó la oferta. Bet-el representa la comodidad de la religión, el conformismo espiritual. Estaba en la casa de Dios, rodeado de profetas, pero algo dentro de él le decía que había más.

Muchos detienen su caminar en Bet-el. Se conforman con estar en la iglesia, con tener cierto nivel de revelación o ministerio. Pero Eliseo sabía que el llamado de Dios no era estacionarse, sino avanzar. La prueba de Bet-el es resistir el estancamiento disfrazado de espiritualidad.

Luego llegaron a Jericó, ciudad de batalla. Fue allí donde Josué y el pueblo vieron caer los muros tras siete días de obediencia. Jericó representa los desafíos espirituales que solo se vencen por fe. En este punto, Eliseo podría haber argumentado que había demostrado suficiente fidelidad. Pero no retrocedió.

Jericó nos enseña que seguir a Dios implica enfrentar fortalezas. Las batallas no se evitan, se vencen. Eliseo estaba aprendiendo que para cargar una unción doble, tendría que enfrentar desafíos dobles. No buscaba un camino fácil, sino un llamado verdadero.

Finalmente, llegaron al Jordán, el umbral final. Era el lugar donde Moisés fue reemplazado por Josué, y donde Elías sería arrebatado. Allí, Eliseo sería probado una última vez. El Jordán representa el punto de no retorno, donde Dios exige fe total para cruzar al otro lado.

Elías golpeó el río con su manto y las aguas se abrieron. Ambos cruzaron en seco. Este milagro era también una enseñanza: el poder no está en el manto, sino en la obediencia al Dios que da el manto. Eliseo estaba siendo testigo, pero pronto le tocaría actuar solo.

A lo largo de este recorrido, vemos una constante: Elías poniendo a prueba a Eliseo, y Eliseo afirmando su compromiso. Cada "quédate aquí" era una oportunidad para desistir. Pero él nunca retrocedió. Su determinación fue la llave que lo llevó a su destino.

Dios permite pruebas para revelar lo que hay en nuestro corazón. No prueba para destruirnos, sino para purificarnos. El seguimiento auténtico revela la diferencia entre el curioso y el comprometido, entre el que observa y el que hereda.

Mientras caminaban, Elías le preguntó a Eliseo: "Pide lo que quieras que haga por ti, antes que yo sea quitado". Fue un momento crucial. La respuesta de Eliseo reveló el nivel de su corazón: "Te ruego que una doble porción de tu espíritu sea sobre mí".

Esto no fue una petición superficial. En el contexto hebreo, la "doble porción" era la herencia del primogénito. Eliseo no pedía ser mejor que Elías, pedía ser reconocido como hijo espiritual, como heredero legítimo. Buscaba continuidad, no competencia.

Elías respondió: "Cosa difícil has pedido". No porque fuera imposible, sino porque con más unción viene más responsabilidad. Muchos piden plataformas, pero no soportarían el peso del llamado. Eliseo estaba dispuesto a cargar esa carga.

El requisito para recibir lo que pedía era: "Si me vieres cuando fuere quitado de ti, te será hecho así". Aquí vemos una clave poderosa: atención espiritual. Eliseo tenía que estar enfocado, despierto, vigilante. La distracción le costaría el destino.

En ese momento, apareció un carro de fuego que separó a ambos, y Elías fue arrebatado al cielo en un torbellino. Eliseo no solo lo vio, sino que gritó: "¡Padre mío, padre mío, carro de Israel y su gente de a caballo!". Había pasado la prueba. No solo vio, sino que entendió lo que estaba ocurriendo.

Después de eso, recogió el manto. El objeto era el mismo, pero ahora cargaba una nueva dimensión de gloria. El seguimiento había producido herencia. No fue magia, fue resultado de un caminar fiel.

Hoy, muchos quieren el manto, pero pocos quieren el camino. Desean impartición sin obediencia, unción sin proceso. Eliseo nos muestra que la única manera de heredar lo espiritual es por medio del seguimiento probado.

Las pruebas no son señales de rechazo, sino oportunidades de promoción. Dios nos prueba no para destruirnos, sino para refinarnos. Cada estación en el camino de Eliseo preparó su carácter y su visión.

La perseverancia de Eliseo fue su mayor carta de presentación. No tenía un currículum ministerial impresionante, pero tenía fidelidad comprobada. Y eso es lo que Dios honra. Dios no busca talento, busca fidelidad.

Cada vez que Eliseo dijo "no te dejaré", estaba cerrando la puerta a la mediocridad espiritual. No se conformó con lo mínimo. Él sabía que su destino estaba del otro lado del Jordán, y no descansaría hasta alcanzarlo.

La prueba del seguimiento no es popular. Implica pérdida, sacrificio, incomprensión. Pero también es la antesala de una gloria mayor. Sin cruz, no hay corona. Sin seguimiento, no hay herencia. Lo que comenzó con una llamada en el campo de labranza, culminó en una impartición celestial. Eliseo fue transformado de sirviente a profeta, de ayudante a protagonista. Su historia cambió porque no soltó el paso.

Tú también estás en ese camino. Tal vez estás en Gilgal, o tal vez frente al Jordán. No te detengas. La prueba que enfrentas no es para frenarte, sino para formarte. Si perseveras, recibirás lo que Dios ha preparado para ti. La pregunta no es si Dios tiene un manto para ti. La pregunta es: ¿Estás dispuesto a seguir hasta el final? Porque el Dios de Elías está vivo… y se manifiesta a los que lo siguen sin rendirse.

La prueba del seguimiento también es una prueba de enfoque. Eliseo no se dejó distraer por los comentarios de los hijos de los profetas que le decían: "¿Sabes que Jehová quitará hoy a tu señor de sobre ti?". Él respondió con firmeza: "Sí, yo lo sé; callad". No permitió que las voces externas alteraran su convicción interna. En el seguimiento, muchas voces intentarán desviar tu mirada del propósito.

El enemigo sabe que no puede detener a quien ya decidió seguir a Dios, pero buscará distraerlo. Eliseo venció la distracción con discernimiento. En lugar de entretenerse con los rumores proféticos, se enfocó en su asignación: permanecer junto a Elías hasta el final. Esa concentración espiritual es esencial para heredar lo que Dios ha preparado.

Hay quienes comienzan bien, pero abandonan el camino a mitad de la jornada porque pierden la perspectiva. Eliseo mantuvo la mirada fija en su meta. No fue casualidad que viera a Elías ser arrebatado; fue resultado de una vigilancia continua. La vigilancia espiritual es la llave que abre puertas proféticas.

Después de que Elías fue arrebatado, los hijos de los profetas observaron desde lejos. Vieron a Eliseo tomar el manto y golpear el Jordán. Cuando el río se abrió, reconocieron: "El espíritu de Elías reposa sobre Eliseo". La evidencia del seguimiento fiel no está en palabras, sino en frutos visibles. El poder que se manifiesta revela quién ha caminado el proceso.

Dios no busca reemplazos apresurados, sino herederos preparados. Eliseo no solo tomó el lugar de Elías; encarnó su espíritu. El manto no le dio poder por sí solo; su caminar fiel lo habilitó para operar bajo esa autoridad. Muchos desean el manto, pero no aceptan el modelo de obediencia que lo sostiene.

La historia de Eliseo nos enseña que Dios transfiere unción, pero no salta procesos. No hay atajos hacia la gloria. Cada estación recorrida, cada negativa de Elías a que Eliseo continuara, fue parte del diseño de Dios para forjar al próximo profeta. La paciencia en el seguimiento es parte del entrenamiento divino.

En los días actuales, donde todo se busca instantáneamente, el seguimiento bíblico nos recuerda que el Reino se hereda por perseverancia. Eliseo caminó, esperó, sirvió, y al final, heredó. La generación de hoy necesita reencontrarse con la virtud de esperar en Dios y permanecer, incluso cuando no hay señales visibles de avance.

Cuando Eliseo tomó el manto y regresó al Jordán, hizo una pregunta que resonará por generaciones: "¿Dónde está Jehová, el Dios de Elías?". Esta no fue una duda, sino una invocación. No buscaba espectáculo, sino confirmación. Quería saber si el Dios que respaldó a su padre espiritual también lo respaldaría a él. Y Dios respondió con poder.

Esa pregunta sigue vigente en nuestros días. Muchos claman: "¿Dónde está el Dios de Elías?". Pero la verdadera cuestión es: ¿dónde están los Eliseos dispuestos a seguir, servir, sufrir, y recibir? Dios no ha cambiado. Su poder no se ha agotado. Pero sus manifestaciones siguen reservadas para los que lo siguen sin condiciones.

Eliseo no heredó solo un manto, heredó una misión. No fue llamado para repetir los milagros de Elías, sino para caminar en su propia dimensión. El seguimiento auténtico no produce copias, sino continuadores. No se trata de imitar un estilo, sino de abrazar una esencia: obediencia, intimidad, y entrega total al propósito de Dios.

Seguir al Dios de Elías implica estar dispuesto a enfrentar pruebas que desafían nuestra fe y compromiso. El camino del seguimiento no es fácil ni cómodo; requiere una entrega total y una confianza absoluta en la guía divina. Eliseo tuvo que dejar atrás su vida anterior, sus costumbres y su seguridad para caminar junto al profeta. Esta decisión simboliza el abandono de lo conocido para abrazar lo incierto con esperanza. La prueba del seguimiento se manifiesta en la renuncia a las comodidades y en la disposición a vivir bajo la voluntad de Dios. No es simplemente seguir a una persona, sino un llamado a caminar con Dios en medio de circunstancias difíciles. Cada paso requiere fe activa, una mirada fija en lo invisible y un corazón dispuesto a obedecer. En la vida espiritual, las pruebas revelan el verdadero nivel de nuestra entrega y perseverancia. Por eso, el seguimiento a Elías es también una prueba de carácter y de identidad espiritual. Solo quienes están dispuestos a esta prueba alcanzan la herencia prometida.

La prueba del seguimiento también implica aprender a discernir la voz de Dios en medio de la confusión. Eliseo tuvo que prestar atención no solo a lo visible, sino a lo espiritual que estaba detrás de cada evento. En el camino, se enfrentó a dudas y a voces contrarias que querían desviarlo de su propósito. Esta experiencia nos enseña que seguir a Dios requiere discernimiento constante y una fe que no se deja perturbar. La prueba no es solo física o externa, sino también interna, en el alma y el espíritu. A menudo, los momentos más difíciles son los que moldean nuestra capacidad para escuchar y obedecer a Dios. Eliseo tuvo que aprender a confiar en las señales y en las confirmaciones que el Espíritu le daba. En la vida de todo seguidor, esta etapa es crucial para evitar engaños y falsas direcciones. La fe que pasa la prueba del discernimiento es una fe madura y firme. Así, la prueba del seguimiento es también una escuela de sabiduría espiritual.

Seguir al Dios de Elías significa también enfrentar la soledad y el rechazo. Eliseo quedó prácticamente solo cuando Elías fue llevado al cielo, y tuvo que caminar un tramo sin la presencia visible de su maestro. Esta experiencia simboliza el momento en que cada creyente debe aprender a confiar plenamente en Dios, aun sin la compañía humana. La soledad puede ser una prueba dolorosa, pero también un tiempo de fortalecimiento espiritual. El rechazo viene muchas veces de quienes no comprenden el llamado de Dios o temen el cambio. Eliseo enfrentó la incredulidad y el desprecio, pero su corazón se mantuvo firme. La prueba del seguimiento nos enseña a no depender de la aprobación humana, sino de la confirmación divina. Esta libertad nos permite avanzar con seguridad en el propósito que Dios ha puesto en nuestra vida. La soledad y el rechazo, lejos de detenernos, deben impulsarnos a profundizar nuestra comunión con Dios. Así, la prueba del seguimiento fortalece nuestra identidad espiritual.

Otra dimensión de la prueba del seguimiento es la paciencia en la espera y la perseverancia. Eliseo no recibió inmediatamente todo el poder o la revelación que eventualmente le fueron entregados. Debió caminar, aprender y crecer en la fe durante un tiempo prolongado. Esta etapa enseña que el proceso de seguir a Dios es gradual y requiere resistencia. La paciencia no es pasividad, sino una espera activa y confiada en la promesa divina. Perseverar significa mantenerse firme a pesar de las dificultades y la aparente demora. Cada paso en la paciencia fortalece la fe y prepara para la manifestación del poder de Dios. La prueba del seguimiento incluye saber esperar con esperanza y sin desánimo. Así, la paciencia y la perseverancia son pilares fundamentales para quienes desean ver el cumplimiento de la promesa. La historia de Eliseo es un testimonio de que la espera fiel es recompensada.

El compromiso total es otra característica esencial en la prueba del seguimiento. Eliseo dejó todo lo que tenía para seguir a Elías, mostrando que el seguimiento es una entrega sin reservas. Esta entrega implica sacrificar ambiciones personales y planes propios para alinearse con la voluntad de Dios. El compromiso sincero abre la puerta para que el poder de Dios se manifieste en la vida del creyente. Sin compromiso, el seguimiento queda incompleto y el propósito divino no se cumple plenamente. La prueba revela hasta dónde estamos dispuestos a llegar por Dios y su Reino. El compromiso verdadero transforma prioridades y motiva a perseverar. En la vida espiritual, la entrega total es el terreno fértil donde crece la manifestación de Dios. Así, la prueba del seguimiento es también una invitación a renovar nuestro pacto con Dios cada día. Eliseo es ejemplo vivo de esta entrega radical.

La prueba del seguimiento también implica la fe en lo invisible y la esperanza en lo prometido. Eliseo tuvo que creer en la promesa de recibir el doble espíritu, aun sin verlo concretamente al principio. Esta fe activa se basa en la confianza plena en el carácter y la fidelidad de Dios. El seguimiento verdadero se sostiene en la esperanza que mira más allá de las circunstancias presentes. La fe que vence pruebas no se conforma con lo temporal ni se desanima por las dificultades. Eliseo caminó con la certeza de que Dios cumpliría su palabra. Esta esperanza firme es la que sostiene al creyente en medio de la incertidumbre. La prueba del seguimiento fortalece esta fe y la hace inquebrantable. Así, creer sin ver es una clave para superar las pruebas y avanzar en el propósito divino. La historia de Eliseo nos invita a vivir esta fe expectante.

Además, la prueba del seguimiento pone a prueba nuestra humildad y dependencia de Dios. Eliseo tuvo que reconocer que no podía avanzar solo ni por sus fuerzas. Esta dependencia es vital para evitar el orgullo y la autosuficiencia que alejan del camino de Dios. La humildad abre el corazón para recibir dirección, ayuda y poder de lo alto. La prueba revela cuánto confiamos en la gracia y el favor divinos. Elías fue mentor y guía, pero el poder y la autoridad provenían de Dios. El seguidor debe estar dispuesto a aprender y someterse a la voluntad celestial. Esta actitud fortalece la relación íntima con Dios y favorece la manifestación de su poder. La prueba del seguimiento es también una escuela de humildad y dependencia constante. Eliseo es ejemplo de un siervo que no se enorgullece, sino que se mantiene en la dependencia total de Dios.

El camino del seguimiento es también una batalla espiritual constante. Eliseo enfrentó no solo desafíos físicos y emocionales, sino también fuerzas invisibles que intentaban detener el propósito divino. La prueba implica estar consciente de la guerra espiritual y equiparse con la armadura de Dios. La oración, el ayuno y la proclamación de la palabra son armas fundamentales para avanzar. El seguimiento fiel requiere resistencia y vigilancia espiritual. Eliseo aprendió que la lucha no es contra carne y sangre, sino contra principados y potestades. Esta realidad intensifica la necesidad de caminar en fe y obediencia. La prueba del seguimiento nos invita a mantenernos firmes y alertas. Elías y Eliseo son testimonios de victorias espirituales que inspiran a perseverar. Así, la batalla espiritual es parte inseparable del camino de fe.

El testimonio y la influencia en otros también forman parte de la prueba del seguimiento. Eliseo no solo vivió su experiencia en soledad, sino que se convirtió en un referente para los hijos de los profetas y para el pueblo. Su fidelidad impactó a quienes lo rodeaban y abrió puertas para nuevas manifestaciones del poder de Dios. La prueba nos desafía a ser luz y ejemplo para la comunidad. La vida transformada es un testimonio poderoso que invita a otros a buscar el camino de Dios. Eliseo enseñó que el seguimiento no es solo para beneficio personal, sino para el crecimiento colectivo. La manifestación del poder divino se multiplica cuando la fe es compartida. Esta dimensión social del seguimiento es fundamental para el avance del Reino. La prueba del seguimiento incluye la responsabilidad de influir positivamente. Así, el legado espiritual se perpetúa en nuevas generaciones.

El seguimiento también implica aceptar la exclusividad del llamado divino. Eliseo dejó todo porque entendió que su llamado era único y prioritario. Esta exclusividad demanda enfocarse sin dispersarse en otras preocupaciones o intereses. La prueba nos llama a una entrega exclusiva y plena al propósito de Dios. En un mundo lleno de distracciones, esta concentración es un acto de fe y obediencia. Eliseo nos muestra que el seguimiento sincero requiere sacrificar lo que nos separa del plan divino. Esta claridad de propósito fortalece la perseverancia en el camino. La prueba del seguimiento revela si estamos dispuestos a vivir según la voluntad absoluta de Dios. Esta entrega exclusiva es la base para recibir bendiciones y poder sobrenatural. El llamado de Dios siempre pide un "sí" total y sin reservas.

Elías y Eliseo nos enseñan que la manifestación del poder de Dios es para aquellos que pasan la prueba del seguimiento. Esta prueba implica desafíos, renuncias y fidelidad en lo invisible. Solo quienes caminan con fe y obediencia pueden experimentar el poder que transforma. La prueba no es un castigo, sino un proceso de preparación y maduración espiritual. Eliseo fue ejemplo de alguien que superó la prueba y recibió la doble porción del espíritu de Elías. Esta promesa está vigente para quienes perseveran en el llamado divino. La prueba del seguimiento es la frontera entre la promesa y su cumplimiento. Nos invita a examinar nuestra disposición y compromiso con Dios. Así, seguir a Elías es un desafío que renueva y fortalece nuestra fe. Este proceso es indispensable para vivir la manifestación del Dios verdadero.

El seguimiento fiel demanda un corazón dispuesto a morir a sí mismo y vivir para Dios. Eliseo mostró que la entrega total incluye el abandono del ego y la búsqueda del Reino. Esta muerte al yo abre espacio para que el poder divino actúe con libertad. La prueba del seguimiento es, en esencia, una llamada a la transformación radical. Solo quienes mueren a sus deseos pueden nacer a una nueva vida en el espíritu. Este renacer es el sello del verdadero discípulo de Dios. La historia de Eliseo es un modelo de cómo la prueba lleva a una vida de poder y autoridad espiritual. En la medida que aceptamos morir a nosotros mismos, experimentamos el verdadero seguimiento. Así, la prueba no solo desafía, sino que libera y renueva. La vida espiritual se enriquece con cada paso de entrega.

La prueba del seguimiento también nos confronta con la necesidad de fe activa y confianza plena en Dios, aun cuando no comprendamos completamente el camino por delante. Eliseo tuvo que confiar en la promesa de Elías y en la guía divina sin ver inmediatamente la manifestación del poder prometido. Este tipo de fe es la que sostiene al creyente en momentos de incertidumbre y dificultad, cuando todo parece indicar que el llamado es demasiado grande o imposible de cumplir. La fe activa se traduce en obediencia diaria, en pequeños actos que reflejan una confianza profunda. A medida que Eliseo avanzaba, aprendía que cada paso de obediencia abría puertas para que Dios se manifestara con poder. Esta fe se fortalece en la práctica y en la perseverancia. La prueba no solo mide nuestra entrega, sino también nuestra capacidad de confiar sin reservas. Seguir a Dios exige un corazón dispuesto a creer más allá de las circunstancias visibles. La verdadera prueba es mantener la esperanza firme cuando todo alrededor parece desmoronarse. Así, la fe activa es el ancla que sostiene en la tormenta del seguimiento.

En medio de las tormentas de la vida, cuando todo parece desmoronarse, la fe nos conecta con la esperanza que no avergüenza. No se trata de negar la realidad de las pruebas, sino de afirmar la fidelidad de Aquel que ha prometido estar con nosotros. La fe no elimina la tormenta, pero sí nos permite atravesarla con paz en el corazón. Como el ancla se aferra al fondo del mar, así nuestra fe se aferra a las promesas eternas de Dios. Es en los momentos más oscuros donde la fe resplandece con más intensidad. La fe nos recuerda que no estamos solos, que hay propósito en el proceso y victoria después del valle. En cada lágrima, en cada espera y en cada lucha, la fe nos mantiene firmes. Aunque no veamos la salida, la fe nos asegura que Dios ya tiene el camino preparado. En tiempos de crisis, la fe no solo es un refugio, es también una fuerza activa que nos impulsa a seguir adelante.

Además, la prueba del seguimiento nos llama a un compromiso que trasciende lo momentáneo y se extiende a toda la vida. Eliseo mostró que seguir a Dios no es una experiencia pasajera, sino un camino permanente de transformación y servicio. La entrega debe ser constante, día tras día, sin importar las dificultades que surjan. Este compromiso profundo implica renunciar a la comodidad y estar disponibles para la misión divina en todo momento. La prueba revela nuestra capacidad para mantenernos firmes cuando las fuerzas flaquean y las promesas parecen lejanas. El verdadero seguidor es aquel que no solo comienza con entusiasmo, sino que persevera hasta el fin. Esta constancia se convierte en testimonio vivo del poder y la fidelidad de Dios. Eliseo es un ejemplo claro de cómo el compromiso inquebrantable abre paso a bendiciones extraordinarias. La prueba del seguimiento no se limita a un instante, sino que moldea toda nuestra existencia. Por eso, seguir a Dios es un llamado a una vida de entrega continua y apasionada.

Finalmente, la prueba del seguimiento concluye en una victoria que trasciende lo visible. Eliseo recibió la doble porción del espíritu, un símbolo de la bendición y el poder abundante. Esta victoria es la recompensa para quienes perseveran en la fe y el compromiso. La prueba sirve para purificar, fortalecer y preparar para la manifestación del poder divino. El seguimiento fiel transforma la historia personal y también la colectiva. Esta transformación es un testimonio para las generaciones futuras. La prueba del seguimiento es una escuela que prepara para la gloria. Por eso, no debemos temer las pruebas, sino abrazarlas con fe. Cada desafío es una oportunidad para crecer y avanzar. Así, el seguimiento a Elías es la ruta hacia una vida plena en Dios.

RESUMEN

- **Persistencia en el camino: seguir a pesar del cansancio y la incomodidad**

Mira cómo Eliseo no se dejó disuadir por las repetidas sugerencias de Elías de que se quedara atrás. Cada paso de Bet-el a Jericó, de Jericó al Jordán, representa etapas de prueba en las que la comodidad, la presión externa o el desgaste emocional podrían haberlo detenido. Sin embargo, su fidelidad demuestra que el verdadero seguimiento requiere constancia, incluso cuando no hay garantías visibles.

- **Discernir la voz correcta: ignorar a los hijos de los profetas**

Aquí se destaca la importancia del discernimiento espiritual. A lo largo del camino, Eliseo fue confrontado por otros profetas que, aunque sabían que Elías sería arrebatado, no tenían la visión ni el compromiso que Eliseo llevaba en su corazón. Este inciso enseña que para seguir verdaderamente a Dios, es necesario filtrar voces humanas y centrarse en la voz de propósito que viene del Espíritu.

- **El precio de la doble porción: renuncia, perseverancia y deseo profundo**

Profundiza en el momento culminante cuando Eliseo pide la doble porción del espíritu de Elías. No fue una petición ligera, sino la culminación de una caminata de fe, obediencia y resistencia. Se enseña que recibir lo extraordinario de Dios demanda sacrificio personal, hambre espiritual y una decisión firme de llegar hasta el final, cueste lo que cueste.

Capítulo 3: La Manifestación Del Dios De Elías

La escena es conmovedora. Eliseo se encuentra solo a la orilla del Jordán, con el manto de su padre espiritual en las manos y una pregunta ardiente en el alma: "¿Dónde está Jehová, el Dios de Elías?". Ya no hay Elías a su lado. No hay más guía, no hay más acompañamiento. Ha llegado la hora de comprobar si lo que ha recibido es real.

Esta pregunta no nace de la duda, sino del deseo profundo de ver a Dios actuar. No es un lamento nostálgico, sino un clamor ferviente. Eliseo no pregunta "¿Dónde está Elías?", sino "¿Dónde está el Dios de Elías?". Su enfoque no está en el hombre que fue arrebatado, sino en el Dios que lo sustentó.

En este momento crucial, Eliseo toma el manto y golpea las aguas del Jordán. Un acto simple, pero cargado de fe. No lo hace por costumbre, sino por convicción. Ha visto a Elías hacerlo, pero ahora él necesita comprobar si el poder está en el símbolo o en el respaldo divino. La fe se demuestra cuando actuamos conforme a lo que creemos, aun si no tenemos garantías visibles.

Las aguas se abren. El Jordán, que había sido testigo del cruce de Elías y Eliseo, ahora se abre solo para el heredero. Dios responde al clamor de Eliseo, y la pregunta es contestada no con palabras, sino con milagros. El mismo Dios de Elías se manifiesta. El seguimiento ha producido manifestación.

La verdadera unción no se valida en la intimidad, sino en el impacto. Lo que Eliseo recibió en secreto, se reveló en público. Todos los que observaban a lo lejos reconocieron que algo había cambiado. No vieron una señal del cielo ni escucharon una voz audible, pero el poder operando a través de Eliseo fue prueba suficiente.

Dios no tiene favoritos, tiene íntimos. El Dios de Elías no se ha ido, no ha cambiado, no ha menguado. Aún busca a hombres y mujeres que, como Eliseo, estén dispuestos a dejarlo todo por seguirlo con fidelidad. Su poder sigue disponible, pero reservado para los que pasan la prueba del seguimiento.

Cuando clamamos "¿Dónde está el Dios de Elías?", debemos estar listos para tomar el manto. La manifestación de Dios no es para espectadores, sino para los comprometidos. Eliseo no solo fue testigo del poder, fue canal de ese poder. No pidió una experiencia emocional; pidió una impartición transformadora.

El poder de Dios se manifiesta cuando hay una necesidad genuina, una dependencia absoluta y una fe inquebrantable. Eliseo no tenía otro plan. No había vuelta atrás. Había cruzado el Jordán y había quemado su pasado. Solo quedaba avanzar, confiando en que el Dios que respaldó a Elías, también lo respaldaría a él.

Hoy, muchas voces en la iglesia claman por una nueva manifestación del poder de Dios. Anhelamos ver los milagros, la autoridad, el fuego del cielo. Pero la pregunta sigue siendo la misma: ¿Dónde están los Eliseos? ¿Dónde están los que no retroceden ante las pruebas? ¿Dónde están los que no se quedan en Gilgal, ni en Bet-el, ni en Jericó?

La manifestación del Dios de Elías no se trata de espectáculo, sino de propósito. Dios no se manifiesta para entretener, sino para transformar. Donde hay un corazón rendido, allí descenderá el fuego. Donde hay obediencia radical, allí reposará el manto. Dios busca vasos disponibles, no vitrinas religiosas.

Eliseo comienza su ministerio con un milagro que impacta, pero no se detiene allí. A lo largo de su vida, realizará el doble de milagros que Elías. El Dios que se manifestó en el Jordán, lo acompañará en cada paso. Eso es lo que significa caminar en el espíritu de Elías: llevar la presencia de Dios de forma constante, no esporádica.

La manifestación del Dios de Elías no es un evento, es un estilo de vida. Es vivir dependiendo del cielo, confiando en el invisible, caminando por fe. Es confrontar reyes, sanar tierras, multiplicar provisiones, resucitar muertos. Pero, sobre todo, es permanecer fiel hasta el fin.

El legado de Elías no terminó con su ascenso al cielo, sino que se prolongó en la vida de Eliseo. Y ese legado no se limita al Antiguo Testamento. En el monte de la transfiguración, Elías apareció junto a Moisés y Jesús. El espíritu profético sigue vigente, sigue hablando, sigue desafiando a una nueva generación.

Hoy más que nunca necesitamos que el Dios de Elías se manifieste. No solo en púlpitos, sino en hogares, en calles, en escuelas. Que su fuego purifique, que su voz sacuda, que su presencia transforme. Pero para eso, necesitamos hombres y mujeres dispuestos a cargar el manto, sin temor y sin condiciones.

Quizás estás en tu Jordán. Tienes el manto en las manos, y frente a ti hay un río que parece imposible. No mires el obstáculo. Mira al Dios que abrió ese río antes, y lo abrirá de nuevo. Él es fiel. Lo que hizo con Elías y Eliseo, lo hará contigo.

Levanta el manto. Golpea las aguas. No vaciles. No dudes. La manifestación de Dios no depende de tus méritos, sino de tu obediencia. Si estás alineado con su voluntad, el cielo se abrirá. Y otros verán que el mismo Dios que estuvo con los antiguos, está ahora contigo.

La generación de Eliseo fue testigo de un mover mayor que la anterior. Y así será en estos días. Jesús dijo que haríamos cosas mayores que Él, porque Él iría al Padre. La manifestación del Dios de Elías es solo una sombra del poder que está disponible para los que caminan en el Espíritu.

Ya no podemos seguir preguntando "¿Dónde está el Dios de Elías?" como si Él estuviera escondido. La verdadera pregunta debe ser: "¿Dónde están los hombres y mujeres que se atrevan a creer como Elías, a caminar como Eliseo, y a confiar como los antiguos?". Cuando ellos se levanten, el Dios de Elías se mostrará con gloria.

Eliseo no era el más popular, ni el más elocuente, ni el más buscado entre los profetas. Pero era el más disponible. Su fuerza no estaba en su carisma, sino en su rendición. Y es que Dios no escoge a los más capacitados; capacita a los que están dispuestos. La manifestación del Dios de Elías no requiere talentos extraordinarios, sino corazones consagrados.

Cuando las aguas del Jordán se abrieron, no solo se abrieron físicamente. También se abrió una dimensión espiritual nueva sobre Eliseo. Desde ese momento, caminaría bajo una autoridad distinta. No era el mismo que cruzó siguiendo a Elías. Ahora era un representante del cielo en la tierra.

Muchos desean esa dimensión, pero pocos están dispuestos a cruzar solos el Jordán. El Jordán representa el punto de no retorno, la separación definitiva entre lo viejo y lo nuevo. Cruzarlo es morir al pasado, abandonar lo cómodo, romper los vínculos con la dependencia humana. Es la antesala de una vida vivida solo para Dios.

La manifestación del Dios de Elías se produce donde hay hambre espiritual. Eliseo no solo quería ser como Elías; quería más. Su pedido de "una doble porción" reveló su deseo profundo de ir más allá. Dios honra esa clase de hambre. A los que lo buscan con intensidad, Él se les revela con poder.

Hoy vemos iglesias llenas, pero no siempre llenas de gloria. Multitudes buscan bendición, pero pocos buscan transformación. La generación de Eliseo debe levantarse con una convicción distinta: no buscamos una emoción, buscamos una impartición. No queremos solo un toque, queremos una carga del cielo que lo transforme todo.

Dios no se manifestó en el Jordán por causa del manto, sino por causa del corazón que lo sostenía. El manto sin intimidad no tiene poder. La estructura sin presencia es estéril. Eliseo había aprendido en el silencio del servicio, en los caminos polvorientos, en las negativas del maestro. Todo lo que vivió lo preparó para ese momento.

Es fácil querer el poder sin el proceso, pero eso solo produce imitaciones sin respaldo. El Dios de Elías no se presta para espectáculos. Se revela donde hay pureza, reverencia y temor santo. Eliseo entendía esto, y por eso actuó con sobriedad, con reverencia, y con una certeza que solo da la fe probada.

La manifestación del Dios de Elías provocó un reconocimiento inmediato entre los hijos de los profetas. No fue necesario que Eliseo hiciera propaganda. El poder de Dios habla por sí solo. Cuando Dios respalda a alguien, no necesita defenderse. El fruto será evidente, y los testigos tendrán que rendirse a la evidencia.

No debemos confundir manifestación con popularidad. Hay quienes son conocidos por multitudes, pero no conocidos en el cielo. Eliseo fue reconocido porque cargaba la esencia de Elías, no su fama. Lo que impacta al cielo no es la cantidad de seguidores, sino la profundidad del carácter.

La pregunta "¿Dónde está el Dios de Elías?" también confronta nuestra fe. Nos lleva a reflexionar si estamos creyendo por lo que Dios hizo en el pasado, o por lo que puede hacer hoy. Dios sigue siendo el mismo, pero ¿seguimos creyendo de la misma manera? El poder de Dios no se ha reducido, pero la fe sí puede menguar.

La generación de Eliseo debe ser una generación que confronte la sequía espiritual con poder celestial. No podemos conformarnos con mensajes sin fuego, reuniones sin gloria, vidas sin frutos. Si el Dios de Elías va a manifestarse, debe haber un altar preparado, un sacrificio presentado, y un corazón encendido.

La manifestación del Dios de Elías también es una invitación. Nos llama a dejar las excusas, a tomar el manto espiritual, a caminar por fe. Es una voz que nos dice: "No tienes que conformarte con lo que has visto hasta ahora. Hay más. Hay una dimensión mayor. Si puedes creer, verás la gloria de Dios".

Eliseo nos enseña que cada generación necesita su propio Jordán, su propia búsqueda, su propia manifestación. No podemos vivir de los testimonios del ayer. El Dios de Elías quiere revelarse hoy, en nuestras calles, en nuestros hogares, en nuestras iglesias. Pero está buscando vasos disponibles, no solo informados.

Este es el tiempo de levantar el manto. No de contemplarlo, no de admirarlo, sino de usarlo con autoridad. Hay aguas que deben abrirse, hay naciones que deben ser impactadas, hay vidas que necesitan ver el poder de Dios en acción. El Dios de Elías está presente. Ahora es nuestro turno de responder al llamado.

Porque la manifestación de Dios no es un evento aislado. Es el resultado de una vida consagrada, una fe activa y una obediencia radical. Cuando el cielo encuentra un corazón como el de Eliseo, no duda en responder con milagros, con poder, con gloria. Entonces, las aguas se abren, los corazones tiemblan, y la historia cambia.

La manifestación del Dios de Elías no es un fenómeno aislado ni una historia antigua sin relevancia para hoy. Es una realidad espiritual que sigue vigente y se manifiesta en la vida de quienes buscan ardientemente la presencia de Dios. Elías no solo fue un profeta poderoso, sino un canal vivo del poder de Dios, un testimonio tangible de que el Dios de lo imposible sigue actuando. Su vida nos muestra que la manifestación divina suele estar acompañada de desafíos y pruebas que purifican la fe. No se trata de exhibiciones superficiales, sino de encuentros profundos que transforman el corazón y renuevan el propósito. La manifestación genuina siempre tiene consecuencias: cambia destinos, renueva ciudades y despierta a nuevas generaciones. Cuando Dios se revela, no deja indiferente a nadie; mueve voluntades y provoca cambios radicales. La experiencia de Elías nos enseña que la presencia de Dios es fuego que purifica y llama a la acción. Por eso, la manifestación del Dios de Elías es un llamado a no conformarnos con menos que lo sobrenatural. En cada generación, Dios busca manifestarse con poder para liberar, sanar y restaurar.

El fuego que descendió sobre el altar en el Monte Carmelo fue la señal más clara de la manifestación del Dios verdadero. Fue un acto que no dejó dudas sobre quién tiene el control de los cielos y la tierra. Esta manifestación no solo fue para Israel, sino un testimonio eterno para todos los creyentes. El fuego divino consumió la ofrenda, la madera, las piedras y hasta el agua que había alrededor. Fue un despliegue de poder que derribó toda duda y desafió la idolatría. Hoy, el Dios de Elías sigue manifestándose en señales y prodigios, confirmando Su palabra y autoridad. Sin embargo, el verdadero poder no está en el espectáculo, sino en la transformación interior que produce. Cada manifestación que toca un corazón es una puerta abierta para el avivamiento y la renovación. La manifestación que Dios quiere producir en nuestra vida debe llevarnos a un compromiso más profundo y sincero. Cuando el fuego del Señor desciende, la vida nunca vuelve a ser igual.

La manifestación del Dios de Elías también se revela en la oración ferviente y persistente. Elías fue un hombre de oración que no se rindió ante la adversidad. Su intercesión movió los cielos y detuvo la lluvia durante años. Esta dimensión espiritual es vital para comprender cómo se manifiesta Dios hoy. La oración no es solo pedir, sino alinearse con la voluntad divina y ser un canal para Su poder. Cuando la iglesia ora con intensidad y unidad, la manifestación de Dios se hace tangible. El poder del Espíritu Santo desciende con unción para sanar, liberar y restaurar vidas. La oración es la llave que abre las ventanas del cielo para que el poder divino fluya sin obstáculos. No hay manifestación real sin oración ferviente. Así como Elías, estamos llamados a ser intercesores que derriban muros y abren caminos.

El Dios de Elías también se manifiesta a través de la palabra profética. Elías habló con autoridad porque su mensaje venía directamente de Dios. La profecía es un medio por el cual Dios comunica su voluntad y dirección a su pueblo. Cuando la palabra profética se predica con poder y amor, trae revelación, edificación y ánimo. En tiempos difíciles, la profecía sirve como ancla de esperanza y promesa. La manifestación de Dios no se limita a señales visibles, sino que también está presente en la verdad que libera. La palabra profética tiene el poder de romper cadenas y declarar nuevos comienzos. Cada vez que Dios habla, el cielo se abre y su poder se activa. Elías nos enseña que la manifestación divina debe ir acompañada de un mensaje claro y firme. Solo así el pueblo puede caminar en la dirección que Dios ha establecido.

La presencia palpable de Dios es otra forma en que se manifiesta el Dios de Elías. En los momentos de encuentro espiritual, la atmósfera cambia y se siente la gloria del Señor. Esto no es una emoción pasajera, sino una evidencia tangible de que Dios está actuando. La experiencia de Elías en el monte Horeb, donde escuchó la voz suave y apacible, es una manifestación profunda y delicada. A veces, Dios se manifiesta no con ruido ni fuego, sino con una presencia que calma y renueva. Esta manifestación íntima es vital para la vida espiritual de cada creyente. La presencia de Dios fortalece, guía y consuela en medio de las pruebas. Es un recordatorio de que no estamos solos y que Él es fiel a sus promesas. En la búsqueda del Dios de Elías, debemos aprender a reconocer y valorar su presencia constante. Esa manifestación nos da seguridad y nos impulsa a avanzar.

Elías también fue testigo de la manifestación del poder de Dios en la provisión milagrosa. Durante tiempos de sequía y hambre, Dios proveyó alimento y agua de manera sobrenatural. Esto revela que la manifestación divina también se manifiesta en la fidelidad y cuidado hacia sus hijos. Dios no solo es fuego que consume, sino también pan que sustenta. El Dios de Elías provee en medio de la escasez y abre caminos donde parece no haber salida. Esta manifestación de la provisión es una muestra del amor y la fidelidad eternos de Dios. Cuando confiamos en Él, experimentamos milagros en lo cotidiano. La manifestación del Dios que provee nos fortalece para no desfallecer. En cada necesidad, Él está dispuesto a manifestar su poder para bendecir y sostener.

El poder de Dios manifestado en Elías también se vio en el dominio sobre la naturaleza. Al cerrar y abrir los cielos, Elías demostró que Dios tiene autoridad absoluta sobre las fuerzas naturales. Esta manifestación no solo es una lección histórica, sino un recordatorio de que el mismo poder está disponible para los creyentes hoy. El Dios que controla los vientos, las lluvias y los terremotos sigue siendo soberano. Esta realidad debe impactar nuestra fe y esperanza en medio de las tempestades de la vida. La manifestación del poder sobre la naturaleza nos invita a confiar plenamente en Su control soberano. En cada tormenta personal o colectiva, Dios está presente y activo. No hay problema ni crisis que escape a su dominio. Por eso, la fe en el Dios de Elías produce calma y confianza sobrenatural.

La manifestación del Dios de Elías se relaciona también con el llamado a ser instrumentos de su poder. Elías no actuó solo, sino que fue parte de un movimiento profético que impactó toda una nación.

Su vida fue un testimonio de lo que sucede cuando Dios usa a personas dispuestas para su obra. La manifestación de Dios nos llama a participar activamente en su misión. No es para espectadores, sino para protagonistas. Dios quiere manifestarse a través de nosotros, sus hijos, para transformar la realidad. Cada creyente puede ser un canal de bendición y poder cuando se rinde a su voluntad. La manifestación del poder divino debe inspirarnos a comprometernos con el Reino. En la obediencia diaria y el servicio fiel, Dios se manifiesta con mayor claridad.

El Dios de Elías es un Dios de restauración y justicia. Su manifestación se traduce en la reparación de lo quebrantado y la reivindicación de los oprimidos. Elías confrontó la corrupción y la idolatría con valentía, mostrando que la manifestación divina implica una dimensión de juicio. Este poder de Dios busca redimir y restaurar el orden según su voluntad. Cuando Dios se manifiesta, no solo libera a individuos, sino que transforma sistemas y sociedades. La manifestación del Dios de Elías es un llamado a vivir con justicia y a ser portadores de reconciliación. Nos invita a actuar con integridad y valentía en medio de la injusticia. La manifestación divina es un fuego que purifica y renueva. Así, el Dios que se manifestó en Elías sigue actuando para traer justicia y paz.

La manifestación del Dios de Elías también nos invita a reflexionar sobre la relación entre lo visible y lo invisible en la obra divina. Muchas veces esperamos señales espectaculares, pero Dios se revela en lo cotidiano, en pequeños actos de fe y obediencia. El poder de Dios no siempre se muestra con grandiosidad, sino con constancia y fidelidad en la vida diaria. La manifestación auténtica se percibe en la transformación del carácter, en la paz que sobrepasa todo entendimiento y en el amor que se derrama sin condiciones. Esta realidad nos desafía a cultivar una vida espiritual profunda y genuina, donde el Espíritu Santo pueda actuar libremente. A menudo, la manifestación de Dios llega cuando menos lo esperamos, y en lugares sencillos. Elías nos enseña que el encuentro con Dios puede ser tanto en el estruendo del viento como en el susurro apacible. Debemos estar atentos a ambas manifestaciones, pues ambas revelan el poder y la presencia divina. Reconocer la mano de Dios en lo pequeño prepara el camino para que Él se manifieste en lo grande. Así, la manifestación del Dios de Elías se convierte en una experiencia integral que transforma toda nuestra existencia.

Además, la manifestación del Dios de Elías es un llamado a la renovación espiritual y a la esperanza en tiempos de crisis. Cuando Elías oró para detener la lluvia, él mostró que la fe puede influir en el curso de la historia. Esta verdad nos inspira a ser creyentes valientes que no se rinden ante las dificultades. Dios quiere manifestarse para romper cadenas, sanar heridas y restaurar sueños. La manifestación divina nos anima a perseverar, confiando que el poder del cielo está disponible para intervenir en nuestra realidad. No estamos destinados a vivir derrotados ni desanimados, sino a experimentar el poder que transforma. Cada manifestación de Dios renueva nuestra esperanza y nos recuerda que Él es soberano sobre todas las circunstancias. En medio de la incertidumbre, su poder se revela para darnos seguridad y fortaleza. El llamado es a mantener viva la llama de la fe, conscientes de que Dios se manifestará en su tiempo perfecto. Así, la manifestación del Dios de Elías es una promesa viva que nos impulsa a seguir adelante con valentía y confianza.

La manifestación del Dios de Elías no fue solo un espectáculo celestial, sino una respuesta directa a un corazón rendido y obediente. Cada vez que Elías invocó al Señor, lo hizo con la certeza de que Dios se manifestaría con poder. El fuego que descendió en el Monte Carmelo no solo consumió el sacrificio, sino que restauró la fe de un pueblo descarriado. El Dios de Elías se manifiesta donde hay altar, oración y una vida íntegra delante de Él. No es un Dios distante, sino presente, cercano, activo y poderoso. Hoy más que nunca, necesitamos ver esa gloria nuevamente en nuestras iglesias, hogares y naciones. El mundo está sediento de una demostración real del Dios vivo, no de religiosidad vacía. La manifestación del Dios de Elías rompe cadenas, transforma corazones y confronta al pecado con verdad. Él no ha cambiado, pero busca corazones como el de Elías para revelarse con poder. Si decidimos vivir como Elías, veremos al Dios de Elías manifestarse otra vez.

Finalmente, la manifestación del Dios de Elías nos desafía a una fe activa y expectante. No podemos contentarnos con testimonios del pasado; debemos buscar una experiencia viva y real. La manifestación divina es la evidencia de que Dios sigue presente y operante en nuestra generación. Esta manifestación nos impulsa a levantar un altar personal y colectivo de fe. A ser profetas de la esperanza y guerreros en la oración. A reconocer que el poder de Dios no es una reliquia, sino una realidad presente. El Dios de Elías quiere manifestarse hoy para renovar, avivar y fortalecer su pueblo. Por eso, la búsqueda constante y sincera de Su presencia es el camino para experimentar su poder transformador. Y cuando Él se manifiesta, nuestra vida ya no es la misma.

<u>RESUMEN</u>

- **Una partida sobrenatural: el cielo abre sus puertas**

  Profundiza en la manera milagrosa en que Elías fue arrebatado al cielo en un torbellino con carros y caballos de fuego. No fue una muerte común, sino una transición gloriosa que confirmó su relación única con Dios. Se reflexiona sobre cómo esta escena nos habla del poder divino para romper los límites naturales y llevar a sus siervos a dimensiones eternas de gloria.

- **Testimonio visible de la fidelidad: Eliseo como testigo del arrebatamiento**

  Aquí se analiza el rol de Eliseo como testigo ocular del momento sagrado. Su perseverancia fue recompensada no solo con la doble porción, sino también con la visión de la culminación gloriosa del ministerio de Elías. Este inciso destaca la importancia de ser testigos de las obras de Dios para dar testimonio a otros y continuar el legado con autoridad y convicción.

- **El legado que desciende: el manto cae como señal de continuidad**

  Este punto se centra en el simbolismo del manto de Elías cayendo al suelo. Más que una prenda, fue la confirmación visible de la transferencia de unción, autoridad y responsabilidad. Se reflexiona sobre cómo Dios no solo se lleva a sus siervos, sino que asegura la continuidad de su obra a través de quienes están preparados para tomar el relevo.

Capítulo 4: El Poder Que Trasciende Generaciones

El legado de Elías y Eliseo no fue un evento cerrado en la historia, sino una llama que debía pasar de generación en generación. El poder de Dios que se manifestó a través de ellos tenía un propósito eterno: demostrar que el Dios verdadero trasciende el tiempo y permanece activo en medio de Su pueblo. Este poder no se limita a un tiempo ni a un lugar, sino que es dinámico, vivo, y se renueva continuamente.

Cuando hablamos del Dios de Elías, hablamos de un Dios que no se limita a los relatos del pasado. Es un Dios que sigue obrando, que sigue hablando y manifestándose en los tiempos presentes. La historia del profeta y su sucesor nos invita a mirar más allá de lo visible y a creer que Dios puede hacer milagros hoy, como lo hizo entonces.

Para que este poder se manifieste en nosotros y a través de nosotros, es necesario entender que no es cuestión de fuerza humana ni de habilidades naturales. El poder que trasciende generaciones es el poder del Espíritu Santo, que se recibe cuando estamos dispuestos a rendirnos, a ser instrumentos en manos de Dios, y a vivir en obediencia a Su voz.

Cada generación enfrenta sus propios desafíos, sus propios "ríos Jordán" que cruzar. Sin embargo, el ejemplo de Eliseo nos enseña que Dios siempre provee un camino cuando el corazón está dispuesto. No importa lo grande o imposible que parezca el obstáculo; el Dios de Elías es el mismo Dios que abre caminos en medio del caos.

Este poder que traspasa generaciones también implica responsabilidad. No podemos ser meros receptores pasivos, sino canales activos del fuego divino. El llamado es a levantarnos, a tomar el manto espiritual, y a avanzar con valentía y fe. Somos los herederos de una promesa que exige acción y compromiso.

La manifestación de Dios requiere preparación. Eliseo no tomó el manto sin haber caminado junto a Elías, sin haber aprendido a discernir la voz de Dios, y sin haber enfrentado pruebas. De igual modo, hoy somos llamados a prepararnos espiritualmente, a crecer en intimidad y a mantenernos firmes en la fe para recibir y mantener ese poder.

Vivimos en un tiempo donde la superficialidad espiritual está a la orden del día. Sin embargo, el Dios de Elías nos desafía a profundizar, a romper con las religiosidades y a buscar una experiencia auténtica con Él. Solo así el poder que trasciende generaciones puede ser una realidad tangible en nuestra vida diaria.

El poder que trasciende generaciones también se refleja en el impacto que dejamos en otros. Eliseo no solo recibió el manto para sí mismo, sino para continuar una misión. Nuestra vida espiritual no es para ser guardada en secreto, sino para influir, para bendecir, y para transformar a quienes nos rodean.

La transmisión de este poder no se limita a un momento, sino que es un proceso continuo. Así como Eliseo pasó por etapas de crecimiento y revelación, nosotros también debemos entender que el poder de Dios se manifiesta progresivamente, a medida que avanzamos en nuestra relación con Él.

El poder que trasciende generaciones es un recordatorio de la fidelidad de Dios. Él cumple sus promesas y no abandona a su pueblo. Aunque los tiempos cambien, Dios permanece fiel. Por eso, podemos tener la confianza de que el Dios de Elías sigue manifestándose hoy, y seguirá manifestándose en cada generación que se disponga a seguirlo.

El poder que trasciende generaciones no es una cuestión de herencia genética ni de prestigio familiar, sino de un compromiso espiritual que se renueva en cada persona dispuesta a seguir a Dios. Eliseo no recibió solo un manto físico, sino una unción y una responsabilidad que él decidió aceptar con valentía y fe. Este mismo llamado está vigente hoy.

Cada generación tiene un llamado específico y particular. El desafío no es solo repetir lo que hicieron los profetas del pasado, sino discernir cuál es la misión que Dios tiene para nosotros en este tiempo. Así como Elías enfrentó a los profetas de Baal, hoy debemos enfrentar las falsas doctrinas, la indiferencia y el materialismo espiritual que opacan la verdad.

Para que el poder de Dios se manifieste, es indispensable la obediencia. Eliseo no dudó en seguir a Elías a través del desierto, el monte, y finalmente hasta el Jordán. Su obediencia fue la llave que abrió la puerta a la manifestación divina. La obediencia rompe barreras, derriba montañas y hace posible lo imposible.

La historia de Elías y Eliseo nos muestra que el poder de Dios no se revela en la comodidad, sino en la adversidad. Los grandes movimientos del Espíritu Santo suelen surgir en tiempos de crisis, sequías espirituales, y desafíos aparentemente insuperables. La manifestación del poder divino es la respuesta a la fidelidad de un pueblo que no se rinde.

No podemos olvidar que el poder que trasciende generaciones tiene un componente de sacrificio. Eliseo tuvo que dejar atrás su vida antigua, sus comodidades, y hasta su familia para seguir a Dios. Este sacrificio voluntario es lo que prepara el terreno para el derramamiento de la gloria divina.

La dependencia de Dios es fundamental. Eliseo no actuó por su propia fuerza, sino que se apoyó en el poder del Espíritu Santo. El mismo Dios que sostuvo a Elías, sostuvo a Eliseo, y así seguirá sosteniendo a todos los que buscan su rostro con sinceridad.

La manifestación de Dios está ligada a la esperanza. Eliseo pudo haber sentido miedo o incertidumbre tras la partida de su maestro, pero eligió confiar en la promesa y en la fidelidad del Señor. Esa esperanza activa abre caminos y permite que la gloria divina se revele incluso en las circunstancias más difíciles.

El poder que trasciende generaciones también implica humildad. Aunque Eliseo realizó grandes milagros, nunca se atribuyó el mérito para sí mismo. Reconoció que todo venía de Dios. La verdadera manifestación del poder divino es aquella que glorifica únicamente al Creador y no a los instrumentos.

Este poder también demanda un corazón puro. La santidad es la base sobre la cual se edifica una vida de poder espiritual. Eliseo fue un hombre apartado para Dios, dedicado a vivir en integridad y pureza. La presencia de Dios no habita en ambientes de pecado o doblez.

El poder que se hereda se manifiesta en la transformación de vidas. Eliseo no solo operó milagros en la naturaleza, sino que impactó a comunidades enteras. Su ministerio trajo restauración, justicia, y paz. Así debe ser nuestro impacto: un reflejo del Reino de Dios en la tierra.

El paso de la unción no es un punto final, sino un nuevo comienzo. Eliseo comenzó su ministerio con fuerza, pero también con aprendizaje constante. El poder que trasciende generaciones requiere humildad para seguir aprendiendo y creciendo en el conocimiento de Dios.

La perseverancia es otro ingrediente fundamental. No siempre veremos resultados inmediatos, ni manifestaciones espectaculares. Eliseo esperó y perseveró, confiando en que el Dios que prometió estar con él nunca lo abandonaría. La paciencia es parte del proceso divino.

El legado espiritual que recibimos debe ser compartido. Eliseo no retuvo para sí mismo el manto ni el poder. Por el contrario, formó a otros profetas, dejó testimonios, y construyó una base para que futuras generaciones pudieran seguir andando en el fuego de Dios.

El poder que trasciende generaciones se basa en la continuidad. No es un evento aislado ni un movimiento pasajero. Es una corriente constante de poder que fluye cuando un pueblo se mantiene fiel a Dios. La fidelidad produce continuidad y frutos permanentes.

La fe activa es la que provoca manifestaciones. Eliseo actuó conforme a su fe, golpeando las aguas sin temor, confiando que Dios respondería. La fe que mueve montañas es la que nos hace avanzar cuando todo parece perdido, la que nos hace levantar el manto y no dejar que la duda nos paralice.

El poder que Dios otorga es un regalo, pero también un encargo. No podemos usarlo para intereses personales, sino para el bien común. Eliseo utilizó su unción para liberar, sanar, y guiar. Así debemos usar el poder espiritual: como un servicio al prójimo y una extensión del amor de Dios.

El amor es la base del poder que trasciende generaciones. Elías y Eliseo amaron a Dios y a su pueblo con pasión. Ese amor es el que mueve al Espíritu a manifestarse. Sin amor, el poder se vuelve vacío y pierde su verdadero propósito.

El Espíritu Santo es el protagonista en la manifestación del poder divino. Él es quien capacita, guía, y sostiene. La dependencia constante en el Espíritu es vital para que el poder no se vuelva algo meramente externo, sino una realidad interna y permanente.

El poder que trasciende generaciones no elimina las pruebas, pero sí las transforma. Eliseo enfrentó oposiciones, desafíos, y momentos de incertidumbre. Sin embargo, cada prueba se convirtió en una oportunidad para que Dios demostrara su fidelidad y su fuerza.

La autoridad espiritual que se hereda también implica un compromiso ético. Eliseo fue un hombre de justicia, que usó su autoridad para hacer lo correcto, no para dominar. El poder divino siempre camina junto a la justicia y la verdad.

La manifestación de Dios debe conducirnos a la adoración. El poder no es un fin en sí mismo, sino un medio para glorificar a Dios y establecer su Reino. Eliseo era un adorador, y su vida reflejaba una relación profunda con Dios, más allá de los milagros.

Cada vez que el poder de Dios se manifiesta, renace la esperanza en la comunidad. Los milagros de Eliseo renovaron la fe de un pueblo abatido. De la misma forma, el poder que trasciende generaciones renueva nuestra confianza en un Dios vivo y presente.

El poder espiritual se fortalece en la comunión. Eliseo no actuó solo; formó parte de una comunidad profética. La unidad y la comunión entre creyentes son un canal vital para que el poder de Dios fluya sin impedimentos.

El legado del Dios de Elías también es un llamado a la valentía. Eliseo enfrentó reyes y pueblos, sin temor, porque sabía que estaba respaldado por el Cielo. El poder que trasciende generaciones nos impulsa a ser valientes, a hablar con autoridad y a actuar con determinación.

El poder que trasciende generaciones es un testimonio vivo de que Dios es fiel a sus promesas. Él no abandona a sus hijos, ni deja sin respuesta la fe de quienes lo buscan sinceramente. Su manifestación es constante para aquellos que se mantienen en su presencia.

El poder que Dios otorga también implica una transformación interior profunda. No basta con manifestar milagros externos si el corazón permanece endurecido o alejado de Dios. Eliseo fue transformado primero por dentro para que la manifestación externa fuera auténtica y permanente.

El poder que trasciende generaciones es una invitación a vivir en lo sobrenatural cada día. No se trata solo de momentos excepcionales, sino de una vida marcada por la presencia constante de Dios, una vida donde lo natural se somete a la voluntad divina y se rinde ante su autoridad.

Cuando miramos a Eliseo, vemos a un hombre que aprendió a escuchar la voz de Dios en medio del ruido, de las dudas y de las presiones externas. La manifestación del poder divino requiere que nos detengamos, que busquemos el silencio y la claridad para discernir el plan de Dios.

Este poder también se refleja en la capacidad de perdonar y restaurar. Eliseo no solo hizo milagros de poder, sino que actuó con misericordia y compasión. El poder espiritual que Dios nos da debe siempre estar acompañado de un corazón dispuesto a amar y restaurar.

La humildad frente a los desafíos es otra marca del poder que trasciende generaciones. Eliseo no se arrogó títulos ni privilegios, sino que reconoció que toda gloria pertenecía a Dios. Esa humildad es la que abre puertas para que el Espíritu Santo obre libremente.

El poder de Dios que se transmite no es solo para los grandes momentos, sino para lo cotidiano. Eliseo enseñó que cada pequeño paso de fe es parte de un camino que conduce a grandes victorias. No debemos menospreciar las pequeñas acciones de obediencia, pues son ellas las que construyen el legado.

El poder que trasciende generaciones también implica confianza en la soberanía divina. Eliseo sabía que, aunque las circunstancias fueran adversas, Dios estaba en control. Esa confianza nos libera del miedo y nos da la paz para actuar con valentía en cualquier situación.

Este poder invita a la comunidad a levantarse unida. Eliseo fue parte de un grupo de profetas, y juntos impactaron su generación. La manifestación de Dios se multiplica cuando los creyentes se unen en propósito y fe, construyendo una iglesia fuerte y comprometida.

El legado del Dios de Elías nos desafía a no conformarnos con lo cómodo ni con lo ordinario. Estamos llamados a caminar en lo extraordinario, a buscar las alturas del Espíritu y a dejar que Dios nos use para cambiar el mundo a nuestro alrededor.

El clamor "¿Dónde está el Dios de Elías?" no es una expresión de duda, sino un llamado desesperado a una manifestación real del poder divino. Es el grito de una generación que anhela más que discursos: anhela encuentros. Quien pregunta con sinceridad está dispuesto a ser transformado por la respuesta. Porque encontrar al Dios de Elías no es solo ver Su poder, sino someterse a Su autoridad. No se trata de repetir fórmulas antiguas, sino de rendirse al Dios eterno que obra en formas nuevas. Esta pregunta nos confronta con nuestra dependencia: ¿cuánto realmente anhelamos que Él se revele? ¿Estamos listos para que Su fuego lo consuma todo? El Dios de Elías nunca ha dejado de obrar, pero Él se manifiesta a los que le buscan con todo el corazón.

Cuando Eliseo hizo la pregunta junto al Jordán, no lo hizo por espectáculo ni por costumbre. Era una búsqueda cargada de responsabilidad, una carga heredada del ministerio profético. Había visto el poder de Dios en Elías y ahora necesitaba esa misma intervención para continuar. La pregunta era también una declaración: sabía que el Dios de Elías era real, pero necesitaba Su respaldo personal. El ministerio sin la presencia divina es solo activismo religioso. Por eso, Eliseo no pudo avanzar sin asegurarse de que Dios estaba con él. ¿Cuántos hoy sirven sin haber preguntado si el Dios de poder los acompaña? ¿Cuántos siguen funcionando sin la unción, sin la aprobación divina?

El Dios de Elías responde a los que lo invocan con sinceridad y santidad. Él no es un recurso que se utiliza a conveniencia, sino un Dios Santo que demanda entrega total. Su poder no puede manipularse, pero sí puede manifestarse en vasos rendidos. Elías era un hombre sujeto a pasiones como nosotros, pero oraba fervientemente y Dios lo escuchaba. Eso nos recuerda que el acceso al poder divino no está reservado a unos pocos, sino a todos los que caminan en obediencia. La pregunta correcta no es solo dónde está el Dios de Elías, sino si nosotros estamos en la posición correcta para verlo obrar. Dios sigue siendo el mismo; somos nosotros quienes debemos alinearnos con Su voluntad. El secreto está en la consagración y la fe.

La generación actual no necesita solo información, sino demostración. Necesitamos ver al Dios de Elías en medio de nuestras ciudades, iglesias y hogares. Él no ha cambiado, pero Su manifestación depende del clamor genuino y de corazones que se atrevan a creer. La unción no se hereda por imitación, sino por relación. Dios no se impresiona por elocuencia, sino por corazones quebrantados. Esta es la hora de levantar una voz profética que reclame la manifestación del Dios que responde con fuego. Los días del poder no han terminado; solo necesitamos volver al altar. Donde hay altar, hay fuego; y donde hay fuego, Dios se revela.

La pregunta de Eliseo también implica una decisión: si el Dios de Elías no aparece, ¿me quedaré esperando o me levantaré a buscarlo? Esta tensión interna nos lleva a los lugares más profundos del alma. Hay momentos en los que no basta con saber que Dios existe; necesitamos verlo obrar de manera palpable. No como un espectáculo, sino como una señal de que Él aún camina con nosotros. La Iglesia está llamada a demostrar que el Dios de Elías vive, no solo a predicarlo. Pero esto exige volver a la oración ferviente, al ayuno, a la dependencia total. Solo así se abrirán los cielos como en los días antiguos. El Dios de Elías responde, pero primero busca a los Elías de Dios.

El fuego que descendió en el Carmelo no fue solo una señal, fue una respuesta a una vida rendida. Elías no desafió a los profetas de Baal por ego, sino por celo santo. El Dios que responde con fuego no se invoca para exhibiciones personales, sino para restaurar el altar de la verdad. Muchos quieren el fuego sin restaurar el altar, y por eso no ven respuesta. Pero cuando el altar está en orden, Dios desciende con poder. Hoy el desafío sigue siendo el mismo: reconstruir lo que se ha caído y clamar con sinceridad. Allí, el Dios de Elías se manifiesta sin restricciones. Él no ha perdido fuerza; nosotros debemos recuperar la pasión.

El Dios de Elías no está perdido ni ausente; está esperando a ser invocado desde un lugar de autenticidad. Él no se manifiesta para entretener, sino para transformar. Cada vez que alguien pregunta "¿Dónde está el Dios de Elías?", el cielo responde con una búsqueda inversa: "¿Dónde estás tú?". Porque Él no se mueve fuera de Su propósito, y solo actúa a través de quienes se rinden a Su diseño. Esta búsqueda nos obliga a revisar nuestros altares, nuestras prioridades y nuestra fe. Dios está dispuesto a mostrar Su gloria, pero busca corazones íntegros y obedientes. En ese encuentro nace la verdadera herencia espiritual. El Dios de Elías siempre está disponible para los que lo buscan de verdad.

Cada generación enfrenta la tentación de conformarse con la historia del Dios de Elías, en lugar de vivir la realidad del Dios presente. Pero Dios no desea que lo recordemos solo como un Dios del pasado, sino como el Dios de ahora. Él quiere manifestarse hoy, en esta hora, en esta tierra. No ha cambiado Su carácter, ni ha disminuido Su poder. Solo busca un pueblo que crea, que obedezca y que clame con fervor. Si los cielos están cerrados, es porque la tierra ha guardado silencio. Pero cuando una generación se levanta como Elías, Dios responde como siempre lo ha hecho. El desafío no es retórico, es espiritual: ¿nos atreveremos a buscarlo hasta que responda?

Finalmente, el poder que trasciende generaciones es una promesa viva. Dios continúa manifestándose, sigue levantando profetas, sigue abriendo caminos y haciendo milagros. La pregunta no es si Dios está presente, sino si nosotros estamos dispuestos a responder a su llamado y a ser parte de su obra.

RESUMEN

- **El clamor de Eliseo: un grito desde la necesidad y la fe**

  Se enfoca en el momento decisivo en que Eliseo, al tomar el manto de Elías, se enfrenta al río Jordán y exclama: "¿Dónde está el Dios de Elías?". No fue una duda, sino una declaración cargada de expectativa y confianza. Se reflexiona sobre cómo, en momentos de transición y soledad, el creyente debe clamar por la manifestación del mismo Dios que obró en el pasado.

- **El Dios que responde al clamor del corazón obediente**

  Aquí se analiza cómo el río Jordán se abre al toque del manto, evidenciando que el Dios de Elías estaba con Eliseo. Este inciso enseña que Dios no está limitado al pasado ni a personas específicas; Él se revela a quienes caminan en obediencia, con fe activa y disposición para continuar Su obra.

- **Más que una pregunta: un desafío para nuestra generación**

Interpreta la pregunta "¿Dónde está el Dios de Elías?" como un desafío actual para la iglesia y los creyentes. No se trata solo de mirar hacia atrás, sino de invocar al Dios vivo para que se manifieste hoy con poder, santidad y dirección. La pregunta se convierte en un llamado a vivir de tal forma que Dios se manifieste otra vez en medio de nosotros.

Capítulo 5: La Herencia Del Fuego Divino

Una herencia espiritual es el conjunto de dones, principios, promesas y experiencias divinas que Dios transfiere de una generación a otra. No se trata de bienes materiales, sino de realidades celestiales que transforman corazones y definen destinos. Esta herencia nace en la intimidad con Dios y se forja en el fuego de la obediencia y la fe. Es el legado que recibimos cuando caminamos con los que han sido encendidos por el poder del Espíritu Santo. La herencia espiritual nos conecta con el mover de Dios en la historia y nos capacita para continuar Su obra en nuestro tiempo. Así como Eliseo recibió la doble porción del espíritu de Elías, también hoy Dios desea que herederos espirituales se levanten con pasión y pureza. Esta herencia no se obtiene por mérito humano, sino por disposición del corazón y hambre de lo alto. Cada generación tiene el deber de proteger, multiplicar y transmitir esta llama sagrada. Heredar el fuego divino es aceptar el llamado de Dios con temor santo y responsabilidad eterna. Es vivir para encender a otros con la llama que nunca se apaga.

El fuego que descendió sobre Elías no fue solo un espectáculo celestial, sino una manifestación tangible del poder y la presencia de Dios. Este fuego simboliza la pureza, la pasión y el poder divino que no solo consume lo viejo, sino que también purifica y capacita para una misión superior. La herencia del fuego divino no es un simple legado histórico, sino un llamado vivo para cada creyente hoy.

El fuego de Dios es el motor que impulsa el ministerio, la entrega, y la fidelidad. No se trata de un fuego cualquiera, sino del fuego del Espíritu Santo que transforma vidas, mueve montañas y derriba fortalezas espirituales. Elías caminó con este fuego en su corazón, y Eliseo heredó esa misma llama, multiplicada y poderosa.

Para recibir esta herencia, no basta con admirar la historia o conocer los relatos bíblicos. Es necesario buscar a Dios con intensidad, anhelar su presencia y estar dispuestos a ser consumidos por ese fuego. El fuego divino quema la mediocridad, la tibieza, y despierta un compromiso radical con la voluntad de Dios.

La herencia del fuego también es un llamado a la santidad. El fuego purifica, y para que Dios se manifieste con poder, nuestro corazón debe estar limpio y dispuesto. Eliseo no solo heredó el manto, sino la pureza de vida que el fuego exige, porque el poder de Dios no puede coexistir con la impureza.

El fuego divino es la fuente de la autoridad espiritual. Cuando Eliseo usó el manto de Elías para abrir el Jordán, no actuó con su propio poder, sino con la autoridad que le daba ese fuego celestial. Así también nosotros debemos caminar con autoridad, no por nuestra fuerza, sino por el fuego del Espíritu que nos sostiene.

Este fuego produce pasión por la justicia y por la verdad. Elías fue un profeta valiente que no temió enfrentar a reyes ni a falsos profetas. La herencia del fuego implica valentía para denunciar lo que está mal y para sostener la verdad en medio de una generación que muchas veces prefiere el conformismo.

El fuego también alimenta la esperanza en tiempos de oscuridad. En momentos de sequía espiritual, de desánimo o persecución, el fuego de Dios es la luz que nunca se apaga. Eliseo vivió en tiempos difíciles, pero el fuego que llevaba le permitió mantenerse firme y ser un faro de esperanza para su pueblo.

Esta herencia no es solo para los grandes líderes, sino para cada creyente dispuesto a arder en el amor y el servicio a Dios. El fuego divino es inclusivo y transformador. No importa quién seas, ni de dónde vengas, Dios quiere prender ese fuego en tu vida para que seas luz en medio de la oscuridad.

El fuego que hereda la iglesia hoy debe ser el mismo fuego que movió a Elías y Eliseo: un fuego que no solo busca manifestaciones, sino que desea consumirse en la obediencia y el amor. Este fuego no puede apagarse ni ser contenido; debe extenderse, crecer y transformarlo todo a su paso.

La herencia del fuego divino es una promesa para nuestra generación. Dios sigue encendiendo corazones y levantando profetas. La llama del Espíritu no se ha extinguido ni se extinguirá mientras haya quienes se dispongan a buscarla, a vivirla y a transmitirla con fervor y fidelidad.

El fuego que Dios derrama no solo transforma el presente, sino que también rompe cadenas del pasado. Elías cargó con el peso de generaciones que habían perdido el rumbo, y su fuego fue el instrumento para traer renovación y cambio. Cuando recibimos ese mismo fuego, también somos llamados a romper con las ataduras que limitan el avance espiritual de nuestra generación.

La presencia del fuego divino genera una sensibilidad especial hacia la voz de Dios. Eliseo escuchaba atentamente, no solo las palabras de su maestro, sino la guía del Espíritu. Este fuego agudiza nuestros oídos espirituales para discernir con claridad el propósito de Dios en cada circunstancia.

El fuego también es un llamado a la transformación integral. No se trata solo del ministerio visible, sino de la transformación interna que abarca mente, corazón y voluntad. Elías y Eliseo fueron hombres que entregaron toda su vida al fuego de Dios, dejando atrás todo aquello que los alejaba de su propósito.

Este fuego es contagioso. Así como una chispa puede prender un gran incendio, el fuego divino que arde en un corazón puede extenderse y alcanzar a muchos. Eliseo no solo vivió esa experiencia, sino que su ministerio impactó a toda una generación, porque el fuego se difundió a través de sus acciones y palabras.

La herencia del fuego también implica vigilancia constante. Elías sabía que el enemigo intentaría apagar ese fuego con persecuciones y engaños. Por eso, permanecer en comunión con Dios y en oración ferviente es indispensable para mantener viva la llama del Espíritu en nuestra vida.

El fuego purificador nos prepara para la misión. Antes de que Eliseo recibiera el manto, tuvo que despedirse de su familia y de su vida anterior. Esto nos enseña que la herencia espiritual exige renuncias y decisiones que nos apartan del mundo para dedicarnos plenamente a Dios.

El fuego divino es también un fuego de renovación. Cada día que caminamos con Dios, esa llama nos renueva, nos fortalece y nos llena de nuevas fuerzas para continuar la batalla espiritual. No es una chispa momentánea, sino un fuego que se aviva continuamente con nuestra búsqueda y entrega.

El poder del fuego se manifiesta también en los milagros. Eliseo realizó señales extraordinarias que testificaban del poder de Dios. Esto nos recuerda que el fuego del Espíritu no es una teoría, sino una realidad poderosa que impacta la naturaleza y la historia.

El fuego nos conduce a una vida de adoración. La experiencia de Elías en el monte Horeb fue un encuentro con el fuego de Dios que cambió su perspectiva y renovó su llamado. La adoración profunda y sincera es el espacio donde el fuego se aviva y el alma se conecta con la fuente del poder divino.

La herencia del fuego exige también un corazón valiente. Elías enfrentó desafíos enormes y Eliseo continuó ese legado con determinación. Este fuego nos impulsa a enfrentar nuestros propios gigantes, con la certeza de que el Dios que nos respalda es más grande que cualquier obstáculo.

El fuego divino no puede ser contenido ni manipulado. Eliseo tuvo que aprender a depender plenamente de Dios y a no usar el fuego para su propio beneficio. El poder de Dios debe ser usado con integridad y para la gloria de Su nombre.

El fuego también es un símbolo de presencia constante. Aunque Elías fue arrebatado, la llama de su ministerio continuó viva en Eliseo y en la comunidad profética. Así también, la presencia del Espíritu Santo permanece con nosotros, guiándonos y fortaleciendo día a día.

Este fuego nos invita a vivir con pasión y propósito. No podemos vivir una fe tibia o indiferente cuando el fuego de Dios arde en nuestro interior. Eliseo fue un hombre apasionado por la voluntad de Dios, y esa pasión es el motor que nos impulsa a servir con entrega total.

El fuego purifica la intención. Nuestro corazón es el altar donde se enciende la llama. Elías y Eliseo tuvieron corazones puros y dispuestos, y esa disposición fue clave para la manifestación del poder divino en sus vidas.

El fuego es también un fuego de justicia. Eliseo fue un profeta que luchó por la justicia social, por el bienestar del pueblo y por la restauración de lo que estaba quebrantado. La herencia del fuego nos llama a ser defensores de la justicia en nuestras comunidades y en el mundo.

El fuego divino también trae revelación. Elías y Eliseo recibieron instrucciones claras y poderosas que guiaron sus pasos. El Espíritu Santo que nos toca con fuego nos revela la voluntad de Dios y nos equipa para cumplirla con sabiduría.

La presencia del fuego requiere preparación constante. Eliseo no fue llamado de la noche a la mañana; hubo un proceso de aprendizaje y crecimiento. Nosotros también debemos cultivarnos espiritualmente para que el fuego no se apague por falta de alimento espiritual.

El fuego es un fuego que quema la mediocridad. Dios no llama a sus siervos a una vida común y corriente, sino a una vida llena de poder, pasión y dedicación. Eliseo fue un ejemplo de esta entrega total, y su vida nos reta a salir de lo ordinario.

El fuego que heredamos nos impulsa a la acción. No podemos quedarnos pasivos o paralizados. Eliseo tomó el manto y actuó con fe, golpeando las aguas para abrir el camino. Así, el fuego nos llama a actuar con valentía, confiando en la intervención divina.

La herencia del fuego también es un llamado a la comunidad. Elías y Eliseo fueron parte de una comunidad profética, y el fuego se manifestó en unidad y colaboración. La iglesia actual debe ser un lugar donde el fuego arda en conjunto, fortaleciendo a cada miembro.

El fuego divino nos ayuda a superar la adversidad. Eliseo enfrentó oposición, pero el fuego en su corazón le dio la fuerza para resistir y triunfar. Este fuego nos sostiene en tiempos difíciles, cuando las circunstancias parecen contrarias.

El fuego es un fuego que purifica relaciones. Cuando el Espíritu toca un corazón con fuego, también restaura vínculos, sana heridas y abre caminos para la reconciliación. Elías y Eliseo fueron agentes de paz y restauración en medio de un pueblo quebrantado.

Este fuego nos invita a la oración constante. Elías fue un hombre de oración ferviente, y Eliseo siguió ese ejemplo. La oración es el combustible que mantiene el fuego encendido y nos conecta con la fuente divina.

El fuego divino nos da la capacidad de perdonar. Un corazón inflamado por el Espíritu no guarda rencor ni resentimiento. Eliseo fue un hombre que actuó con misericordia y perdón, reflejando el amor de Dios en sus acciones.

El fuego que heredamos también es un fuego de esperanza. En medio de la desesperanza de su tiempo, Eliseo fue un portador de esperanza viva. Así, el fuego nos impulsa a ser luz en la oscuridad, a llevar esperanza a los desesperados.

El fuego divino es un fuego que genera fruto. Eliseo fue fructífero en su ministerio, y esa fertilidad espiritual es una señal de que el fuego está vivo. Nosotros también estamos llamados a producir frutos abundantes en nuestras vidas y ministerios.

El fuego nos llama a la fidelidad. Eliseo fue fiel hasta el final, y esa fidelidad es la que garantiza que el fuego siga ardiendo. La fidelidad es la garantía de que la herencia espiritual perdurará.

Este fuego también nos impulsa a la humildad. Aunque Eliseo realizó grandes milagros, nunca buscó gloria para sí mismo. La verdadera manifestación del poder divino siempre honra a Dios y sirve al prójimo.

El fuego divino nos invita a vivir con expectativa. Eliseo esperaba lo sobrenatural, confiaba en que Dios haría lo imposible. Esa expectativa activa es una señal de fe viva y dinámica.

Eliseo no siguió a Elías por costumbre, sino con una fe ardiente en que algo sobrenatural estaba por suceder. Su insistencia en no apartarse de él revela una expectativa inquebrantable de recibir algo más que palabras: anhelaba una impartición divina. Él sabía que donde hay obediencia y perseverancia, lo celestial se activa. Mientras otros se quedaban a la distancia, Eliseo se mantuvo cerca, con los ojos puestos en lo invisible. Su expectativa abrió el cielo, y el manto descendió como señal de que lo sobrenatural pertenece a quienes lo esperan con fe.

El fuego es también un fuego de reconciliación con Dios y con los demás. La llama del Espíritu restaura lo roto y abre caminos de paz.

La herencia del fuego es un llamado a la santidad y al compromiso total. Eliseo fue un hombre apartado, dedicado a vivir en integridad y entrega.

El fuego que recibimos es un fuego que transforma la sociedad. Eliseo impactó no solo en lo espiritual, sino también en lo social, mostrando que el poder de Dios tiene alcance integral.

Este fuego nos llama a ser testigos valientes. Eliseo no tuvo miedo de declarar la palabra de Dios, y nosotros también debemos ser valientes en nuestro testimonio.

El fuego divino es un fuego de amor inagotable. Elías y Eliseo fueron hombres apasionados por el pueblo de Dios, y ese amor es el motor de todo ministerio verdadero.

El fuego nos impulsa a la obediencia. Eliseo obedeció sin reservas, y esa obediencia fue la que permitió que el poder de Dios se manifestara.

El fuego que trasciende generaciones es la promesa viva de que Dios no nos abandona. Él continúa enviando su Espíritu para arder en los corazones dispuestos, y esa llama nunca se apagará mientras haya quienes la busquen con fervor.

El fuego divino también nos enseña la importancia de la paciencia. Aunque la llama puede prenderse rápidamente en nuestro corazón, su pleno desarrollo y madurez requieren tiempo, pruebas y procesos. Eliseo tuvo que esperar el momento adecuado para tomar el manto y actuar con el poder recibido, mostrando que la paciencia es una virtud esencial en el camino espiritual.

Además, el fuego es un llamado a la perseverancia. No siempre las circunstancias serán favorables, y a veces el cansancio o la duda pueden querer apagar la llama. Pero como Eliseo, estamos llamados a mantenernos firmes, confiando en que Dios renueva nuestras fuerzas y no abandona a quienes le sirven con fidelidad.

El fuego que heredamos también nos invita a la creatividad en la obra de Dios. Eliseo no solo repitió lo que hizo Elías, sino que añadió nuevos milagros y enseñanzas, demostrando que el fuego impulsa a innovar y a adaptarse a nuevas realidades sin perder la esencia del llamado divino.

Este fuego también despierta en nosotros un espíritu de intercesión. Eliseo intercedía por el pueblo y por sus necesidades, comprendiendo que el poder de Dios se extiende cuando clamamos por la justicia, la sanidad y la restauración. La herencia del fuego nos mueve a orar sin cesar por nuestra generación.

El fuego divino no es una manifestación emocional pasajera, sino una llama encendida por Dios mismo en lo profundo del alma. Esta llama arde con propósito, con dirección, y con el poder transformador del cielo. No puede ser manipulada ni encendida por esfuerzos humanos; solo el Espíritu Santo tiene la autoridad de prenderla en corazones rendidos. Quienes han recibido esta herencia se convierten en antorchas vivientes en un mundo entenebrecido. Ellos no solo cargan fuego, sino que lo multiplican donde quiera que van. Esta herencia no está limitada a una generación, sino que Dios anhela que cada hijo suyo arda con la misma pasión que consumió a los profetas. El fuego divino nos saca de la comodidad y nos lanza al cumplimiento del propósito eterno. Cada chispa encendida es una señal de que el cielo aún está obrando en la tierra.

Recibir la herencia del fuego divino también implica abrazar el peso de la responsabilidad que conlleva. No es un adorno espiritual, sino un encargo sagrado que demanda vigilancia, pureza y obediencia. El fuego puede ser apagado por el descuido o la indiferencia, pero cuando se cultiva con temor de Dios, se convierte en una fuerza imparable. Eliseo no pidió fama, sino la porción del fuego que hizo temblar reinos a través de Elías. Su petición fue sabia, osada y centrada en lo eterno. Así deben orar los que desean heredar el fuego: con hambre de Dios y no de reconocimiento. El fuego no busca aplausos, busca transformación. Heredar el fuego es decirle al cielo: "Heme aquí, enciéndeme y envíame."

La herencia del fuego no viene por imposición, sino por comunión. No se transfiere por contacto físico únicamente, sino por alineación espiritual con el corazón de Dios. Aquellos que caminan cerca del fuego terminan impregnados de su esencia. Son marcados con un celo santo que arde incluso en los momentos más oscuros. El fuego que heredamos es el mismo que cayó en Pentecostés, el que habitó en el arbusto de Moisés, y el que consumía el altar de Elías. Es fuego eterno, fuego que habla, fuego que guía. Los herederos del fuego saben que cada día debe vivirse con reverencia y propósito. Esta herencia no es ligera: es gloriosa, exigente y transformadora.

Muchos desean los frutos del fuego, pero pocos están dispuestos a pagar el precio para portarlo con integridad. El fuego revela, purifica y también prueba las intenciones del corazón. No puede ser sostenido por estructuras vacías ni por vidas divididas entre el mundo y el Reino. Solo aquellos que se rinden por completo pueden sostener la herencia sin ser consumidos por ella. La doble porción que pidió Eliseo no era para su exaltación, sino para continuar la obra con aún mayor intensidad. Heredar el fuego significa estar dispuesto a vivir sin reservas, guiado por la llama del Espíritu Santo. Es entrar en la dimensión donde Dios gobierna sin resistencia humana. Es la decisión de arder, aunque otros prefieran enfriarse.

La herencia del fuego divino nos llama a mirar más allá de nosotros mismos. No se trata solo de recibir, sino de encender a otros. Los herederos verdaderos son multiplicadores del fuego, no coleccionistas de experiencias. Ellos entienden que su llamado está ligado al avance del Reino, no a sus agendas personales. El fuego en sus vidas arde con propósito evangelístico, profético y pastoral. Son aquellos que lloran por los perdidos, que interceden con pasión, y que predican con convicción. Su llama no se apaga con la crítica ni se apaga con la oposición, porque fue encendida por el cielo. Su caminar inspira, desafía y provoca sed de Dios en quienes los rodean. Esta es la verdadera herencia: no solo portar el fuego, sino esparcirlo hasta que toda la tierra sea llena de Su gloria.

Finalmente, el fuego divino es la garantía de que no estamos solos en nuestra misión. Así como Elías fue acompañado por Eliseo, y Eliseo tuvo una comunidad profética, nosotros también somos parte de un cuerpo donde el fuego del Espíritu se comparte, se fortalece y se multiplica para cumplir el propósito eterno de Dios.

RESUMEN

- **El Dios que no cambia: ayer, hoy y por los siglos**

  Resalta la inmutabilidad de Dios. El mismo Dios que respondió con fuego en el monte Carmelo sigue actuando con poder en la actualidad. A través de este punto se explora cómo Su carácter, fidelidad y autoridad permanecen intactos, desafiando a los creyentes de hoy a confiar en Su obrar sobrenatural.

- **El poder disponible para esta generación**

Aquí se enfatiza que el Dios de Elías no está distante ni retirado. Su poder, Su Espíritu y Su gloria siguen disponibles para aquellos que caminan en fe y obediencia. Este inciso reflexiona sobre cómo los cristianos pueden experimentar milagros, provisión divina y dirección clara en tiempos difíciles, tal como lo hizo Elías.

- **Un llamado a vivir con pasión, fe y compromiso radical**

Inspirados por la vida de Elías, los creyentes de hoy están llamados a vivir con la misma pasión y entrega. Este inciso anima al lector a levantarse con valentía, proclamar la verdad, y depender del Espíritu Santo en medio de una sociedad que muchas veces ha olvidado a Dios.

Capítulo 6: El Encuentro Con La Presencia Que Transforma

El encuentro con Dios es el momento decisivo que cambia el rumbo de la vida del creyente. En la historia de Elías y Eliseo, ese encuentro no solo significó un llamado, sino una transformación radical que llevó a una experiencia de poder y propósito. La presencia de Dios no es un concepto abstracto, sino una realidad palpable que toca el alma y renueva la esperanza.

Elías experimentó la manifestación de Dios en formas extraordinarias: el viento, el terremoto, el fuego. Pero fue en el silencio apacible donde reconoció la voz del Señor. Esta revelación nos enseña que la presencia que transforma no siempre se manifiesta en grandes señales, sino también en la quietud del corazón que sabe escuchar.

Eliseo, al tomar el manto de su maestro, no solo heredó un poder externo, sino que se encontró con la presencia viva de Dios que lo impulsó a cumplir una misión extraordinaria. El encuentro con Dios provoca un cambio interno que trasciende lo visible y nos lleva a actuar con valentía y convicción.

Este encuentro es también una invitación a la intimidad. Dios no solo llama para dar poder, sino para establecer una relación profunda con cada uno de sus hijos. La transformación verdadera sucede cuando el encuentro con su presencia nos lleva a amarlo con todo el corazón y a reflejar su carácter en nuestra vida diaria.

A lo largo de nuestra vida espiritual, el encuentro con la presencia divina puede ser renovado y profundizado. No es un evento único, sino una experiencia continua que nos impulsa a avanzar, a crecer y a ser cada vez más semejantes a Él. Este encuentro nos llena de paz, fortaleza y un deseo irresistible de servir.

El encuentro con la presencia de Dios no es una experiencia pasiva; es un llamado a responder con fe y obediencia. Cuando Elías y Eliseo se encontraron con Dios, no solo escucharon su voz, sino que respondieron con acción, entregándose completamente a la voluntad divina.

Esta presencia que transforma rompe las barreras de la incredulidad y del miedo. Muchos en la historia de la fe han sentido la duda, pero el encuentro con Dios renueva la confianza y disuelve las incertidumbres, abriendo paso a una vida plena de propósito y poder.

Elías experimentó que Dios se manifiesta de formas inesperadas. El viento, el terremoto y el fuego fueron señales visibles, pero fue el susurro suave y apacible el que reveló el verdadero poder divino. Esto nos enseña que la verdadera transformación ocurre cuando aprendemos a reconocer a Dios en lo cotidiano.

Eliseo, al tomar el manto de Elías, comprendió que la presencia de Dios no es solo para el momento del llamado, sino para una vida de servicio continuo. La transformación no termina en la experiencia inicial, sino que se extiende a cada día, moldeando nuestras decisiones y nuestro carácter.

La presencia que transforma también nos equipa para enfrentar desafíos. Eliseo tuvo que lidiar con la oposición y las dificultades de su tiempo, pero la fuerza de Dios en él le permitió perseverar y cumplir su misión con valentía y sabiduría.

Este encuentro nos invita a vivir en comunión constante con Dios. La presencia divina no es un momento aislado, sino un estilo de vida donde buscamos diariamente su guía, su paz y su poder para caminar en obediencia.

La transformación que produce la presencia de Dios también impacta nuestras relaciones. Cuando somos tocados por Él, aprendemos a amar, perdonar y servir con un corazón renovado, reflejando su carácter en cada interacción.

El encuentro con Dios nos cambia la perspectiva. Lo que antes parecía imposible se vuelve posible, lo débil se fortalece y lo ordinario se convierte en extraordinario. Eliseo vivió esta realidad, viendo el actuar poderoso de Dios en medio de la adversidad.

Esta presencia activa despierta en nosotros un espíritu de adoración. Al reconocer la majestad y santidad de Dios, nuestro corazón se inclina en humildad y gratitud, y nuestra vida se convierte en un testimonio vivo de su gloria.

El encuentro con la presencia que transforma también nos desafía a dejar atrás lo viejo. Eliseo tuvo que despedirse de su pasado para abrazar el llamado que Dios tenía para él. La transformación requiere renuncia y disposición a caminar por nuevos caminos.

El poder de esta presencia no solo nos fortalece para lo espiritual, sino que también nos capacita para impactar en lo social y cultural. Eliseo fue un agente de cambio en su comunidad, demostrando que el encuentro con Dios transforma todas las áreas de la vida.

La presencia que transforma nos llama a ser testigos valientes. Cuando somos tocados por Dios, nuestra voz se levanta para proclamar su verdad y justicia, sin temor a las consecuencias.

Este encuentro también abre puertas a lo sobrenatural. Eliseo realizó milagros que desafiaron la lógica humana, mostrando que la presencia de Dios rompe límites y trasciende la realidad visible.

La transformación que viene con la presencia de Dios es integral. No solo afecta nuestra espiritualidad, sino nuestra mente, emociones y voluntad. Elías y Eliseo fueron hombres completos, moldeados por el Espíritu para cumplir su propósito.

Este encuentro es un llamado a la entrega total. La presencia que transforma no se puede contener; exige que le demos lo mejor de nosotros, sin reservas ni condiciones.

La presencia de Dios que transforma también nos consuela en el dolor. Cuando enfrentamos pérdidas o dificultades, su presencia es un refugio seguro que renueva nuestra esperanza y fortaleza.

El encuentro con Dios nos invita a vivir con expectación. Eliseo esperaba constantemente nuevas manifestaciones de la presencia divina, confiando en que Dios actuaría a favor de su pueblo.

La transformación que esta presencia produce nos libera de cadenas espirituales y emocionales. Eliseo fue liberado del miedo y la duda, y nosotros también podemos experimentar esa libertad.

Este encuentro nos impulsa a una vida de oración ferviente. La comunicación constante con Dios es la vía para mantener viva y activa la presencia que transforma.

La presencia que transforma también renueva nuestra identidad. Eliseo dejó atrás su vida anterior para asumir su nuevo rol como profeta, mostrando que el encuentro con Dios redefine quiénes somos.

El encuentro con Dios es una experiencia que nos capacita para ministrar a otros. Eliseo fue un canal de bendición para muchos, porque la presencia que lo habitaba era poderosa y real.

Esta presencia nos llama a la obediencia radical. No basta con escuchar la voz de Dios; debemos actuar conforme a su voluntad, como lo hizo Eliseo.

El encuentro con la presencia divina nos llena de gozo y paz. A pesar de las circunstancias adversas, Eliseo tenía un corazón lleno de paz porque habitaba en la presencia de Dios.

Esta transformación nos lleva a un compromiso inquebrantable con la verdad. Eliseo defendió la palabra de Dios con valentía, sin importar las consecuencias.

La presencia que transforma nos da una visión clara del futuro. Eliseo sabía que su ministerio tenía un propósito eterno, y esa certeza le permitió avanzar con determinación.

Este encuentro también nos impulsa a vivir en integridad. La presencia de Dios no se manifiesta en quienes actúan con doblez, sino en aquellos que caminan en honestidad y pureza.

La transformación producida por la presencia divina nos llena de compasión. Eliseo se preocupaba por el bienestar del pueblo, demostrando que el amor es una consecuencia natural de este encuentro.

El encuentro con Dios renueva nuestra esperanza en medio de la adversidad. Eliseo no se rindió ante los desafíos, porque sabía que la presencia de Dios lo sustentaba.

Esta presencia nos llama a la humildad profunda. Eliseo reconoció que todo poder venía de Dios y que él era solo un instrumento en sus manos.

El encuentro con la presencia que transforma nos llena de poder para vencer el mal. Eliseo confrontó la idolatría y la injusticia con la autoridad que le daba Dios.

Esta transformación nos impulsa a una vida de servicio desinteresado. Eliseo dedicó su vida a servir a otros, reflejando el corazón de Dios.

La presencia de Dios que transforma también nos invita a la perseverancia en la fe. Eliseo mantuvo su confianza a pesar de las pruebas y dificultades.

El encuentro con Dios es una experiencia que nos llama a la renovación constante. Cada día es una oportunidad para profundizar en su presencia y crecer espiritualmente.

La transformación que produce esta presencia nos da fortaleza para enfrentar el rechazo y la incomprensión. Eliseo fue rechazado por muchos, pero su fe nunca vaciló.

Este encuentro nos impulsa a la creatividad espiritual. Eliseo no solo replicó el ministerio de Elías, sino que aportó nuevas formas de manifestar el poder de Dios.

La presencia que transforma nos enseña a depender completamente de Dios. Eliseo no actuó por su propia fuerza, sino confiando plenamente en el Espíritu.

El encuentro con Dios nos llena de una alegría inexplicable. Eliseo experimentó un gozo profundo que superaba las circunstancias.

Esta transformación nos impulsa a vivir con propósito y pasión. La presencia de Dios nos despierta a la misión para la cual fuimos creados.

El fuego de la presencia divina nos llama a la santidad. Eliseo vivió apartado del pecado, consagrado para la obra de Dios.

El encuentro con la presencia que transforma es una invitación a la renovación interior. Dios quiere cambiar nuestro corazón para que se asemeje más al suyo.

La presencia que transforma nos llena de sabiduría. Eliseo tuvo discernimiento para actuar en situaciones complejas, guiado por el Espíritu Santo.

Este encuentro nos llama a la acción inmediata. Cuando Dios nos habla, la respuesta debe ser pronta y decidida.

La transformación que produce la presencia divina nos lleva a una vida de gratitud. Eliseo reconocía constantemente la bondad y fidelidad de Dios.

La presencia que transforma nos da un espíritu de adoración constante. Eliseo adoraba a Dios en todo tiempo y circunstancia.

Este encuentro nos impulsa a vivir en unidad con otros creyentes. La comunidad fortalecida por la presencia de Dios es un testimonio poderoso para el mundo.

La transformación que produce esta presencia nos llena de esperanza para el futuro. Eliseo confiaba en que Dios seguiría obrando a través de él y de su pueblo.

El encuentro con la presencia que transforma es una experiencia que nos llama a la humildad, la fe y el servicio. Es el camino para vivir una vida plena y abundante en Dios.

El encuentro con la presencia de Dios nos invita a una renovación constante del espíritu. No es suficiente experimentar una vez su poder; debemos buscarlo cada día con un corazón dispuesto y humilde. La presencia que transforma no se limita a momentos excepcionales, sino que se manifiesta en la perseverancia diaria, en la oración continua y en la obediencia cotidiana. Eliseo entendió que mantener viva esa conexión con Dios era fundamental para su ministerio y su vida personal. Este encuentro se convierte en una fuente inagotable de fuerza y renovación interior. Así, la transformación se hace evidente en cada aspecto de nuestra existencia.

Además, esta presencia que transforma nos desafía a mirar más allá de las apariencias. En un mundo lleno de distracciones y superficialidades, aprender a discernir la voz de Dios requiere atención y sensibilidad espiritual. Eliseo fue capaz de ver lo invisible a simple vista porque su corazón estaba sintonizado con la presencia divina. Esto nos enseña que la verdadera sabiduría nace del encuentro personal con Dios, que ilumina nuestro entendimiento y nos guía en medio de la confusión. Por eso, cultivar la sensibilidad espiritual es vital para vivir transformados por su presencia. No basta con conocer historias o doctrinas; es necesario vivir la experiencia de Dios en lo cotidiano.

La presencia que transforma también moldea nuestro carácter para reflejar el amor de Dios en acción. Eliseo no solo realizó milagros poderosos, sino que también mostró compasión y cuidado por los necesitados. Esta transformación interior se traduce en una vida que busca el bienestar de los demás, que defiende la justicia y que extiende la mano a los vulnerables. Cuando Dios habita en nosotros, nuestro corazón se abre a los demás y se mueve por la misericordia. Así, el encuentro con Él no solo nos cambia a nosotros, sino que impacta positivamente en nuestro entorno. Ser portadores de esta presencia es ser agentes de cambio y esperanza.

El encuentro con la presencia que transforma también implica una entrega radical y constante. No es un evento que suceda una sola vez y quede en el pasado, sino una invitación diaria a rendir nuestro ser y voluntad a Dios. Eliseo demostró esta entrega al seguir fielmente el camino marcado por Dios, a pesar de las dificultades y los desafíos. Esta dedicación inquebrantable es fruto del amor profundo y del reconocimiento de que sin Dios nada podemos hacer. La transformación verdadera requiere este compromiso sincero y constante. Solo así podremos vivir plenamente en el poder y la guía de su presencia.

Finalmente, esta presencia que transforma es una garantía de que nunca estamos solos en nuestra jornada espiritual. Eliseo no caminó solo; tuvo la compañía y el respaldo del poder de Dios en cada paso. Esta misma promesa se extiende a todos los creyentes: Dios camina con nosotros, nos fortalece y nos sostiene en cada momento. Saber que la presencia divina está a nuestro lado nos llena de valentía y esperanza para enfrentar cualquier adversidad. Por eso, el encuentro con Dios no solo cambia nuestro interior, sino que nos llena de confianza para avanzar con fe. Es la presencia que transforma y sostiene nuestra vida en todo tiempo.

RESUMEN

- **El llamado a la sucesión: recibir y aceptar la unción de Elías**
  Reflexiona sobre cómo Eliseo respondió al llamado para tomar el lugar de Elías, y cómo hoy los creyentes están llamados a recibir la unción y la misión que Dios les encomienda. Se aborda la importancia de la disposición y el compromiso para continuar el legado espiritual.

- **Aprender del maestro: la preparación en el discipulado y la obediencia**
  Examina el proceso de formación que Eliseo vivió bajo la guía de Elías, destacando la importancia del discipulado, la obediencia y la humildad como bases para asumir responsabilidades mayores en el ministerio.

- **El poder en la continuidad: multiplicar la unción y el ministerio**
  Explora cómo Eliseo no solo heredó la unción de Elías, sino que también la multiplicó, realizando milagros y manifestando el poder de Dios. Reflexiona sobre la responsabilidad de cada creyente de no solo conservar la herencia espiritual, sino de expandirla y fortalecerla en su contexto.

Capítulo 7: El Poder Que Rompe Límites

El poder de Dios que se manifiesta en la vida de Eliseo es un poder que trasciende las barreras humanas y rompe los límites que parecen imposibles de superar. Este poder no es solo una fuerza externa, sino una energía transformadora que actúa desde lo más profundo del ser, renovando la mente, el espíritu y la voluntad. A través de este poder, Eliseo pudo realizar milagros que desafiaron la lógica y la comprensión humana, demostrando que cuando Dios actúa, no hay imposibles ni obstáculos insalvables. Este poder nos invita a creer que, sin importar cuán grande sea el problema o cuán difíciles sean las circunstancias, Dios tiene la capacidad de intervenir y cambiar la realidad. Es un llamado a no depender de nuestra propia fuerza, sino a abrirnos para recibir la fuerza sobrenatural que solo Él puede dar. En esta dinámica, la fe se convierte en el canal por el cual este poder fluye y transforma nuestras vidas.

El poder que rompe límites también se manifiesta en la liberación y restauración. Eliseo fue testigo de cómo Dios liberaba a personas oprimidas por enfermedades, maldiciones o situaciones imposibles. Cada milagro es una demostración palpable de que la soberanía divina no tiene fronteras y que su gracia llega incluso a los rincones más oscuros de la vida humana. Este poder no discrimina, ni se agota, ni se limita por circunstancias externas. Por el contrario, se multiplica en la debilidad y se muestra más glorioso en medio de la dificultad. Cuando entendemos que el poder de Dios está disponible para nosotros, podemos enfrentar cualquier situación con confianza, sabiendo que Él puede romper cualquier cadena y abrir cualquier puerta cerrada.

El poder divino que opera en Eliseo es también un poder de renovación espiritual. No solo transforma las situaciones externas, sino que cambia el corazón del ser humano, restaurando su dignidad y su propósito. Este poder es capaz de revivir la esperanza donde solo había desesperación, de encender la pasión donde solo había indiferencia, y de fortalecer la fe donde solo había duda. La experiencia de Eliseo nos muestra que el poder de Dios es integral y completo, abarcando cada dimensión de la vida. Nos invita a vivir una vida plena, no limitada por nuestras debilidades ni condicionada por las circunstancias. La renovación espiritual es la base para experimentar el poder que rompe límites, porque solo un corazón alineado con Dios puede ser canal de su fuerza transformadora.

Este poder también nos llama a actuar con valentía y determinación. Eliseo no se detuvo ante la adversidad ni se intimidó por la oposición. Su confianza en el poder de Dios lo llevó a tomar iniciativas audaces y a perseverar hasta ver el cumplimiento de las promesas divinas. Esta valentía no es producto de la propia fuerza humana, sino del conocimiento profundo de que Dios está con nosotros y que su poder nos sostiene. Así, el poder que rompe límites nos impulsa a avanzar, a no retroceder ante los desafíos, y a vivir una fe activa y dinámica. Nos desafía a salir de nuestra zona de confort y a confiar plenamente en la capacidad de Dios para obrar en nuestro favor.

El poder que rompe límites es un poder que une y edifica. Eliseo no actuó solo, sino en comunidad, con un pueblo que necesitaba experimentar la manifestación del poder divino. Este poder fortalece los lazos de fe, fomenta la unidad y construye una comunidad sólida y esperanzada. Nos enseña que cuando Dios actúa en medio de su pueblo, no solo transforma a individuos, sino que edifica una familia espiritual capaz de sostenerse mutuamente y avanzar juntos hacia un propósito común. En este sentido, el poder divino que rompe límites es también un poder de comunión y restauración colectiva, que nos invita a vivir en unidad y amor.

Este poder que rompe límites no solo se manifiesta en lo sobrenatural, sino también en la transformación de nuestras actitudes y pensamientos. Cuando permitimos que el poder de Dios opere en nuestro interior, nuestras perspectivas cambian radicalmente. Dejamos atrás la mentalidad limitada que nos impide avanzar y adoptamos una visión llena de esperanza y posibilidades. Eliseo no solo enfrentó los problemas con acciones milagrosas, sino que primero renovó su mente en la confianza absoluta en Dios. Esta renovación mental es fundamental para que el poder divino fluya libremente y produzca resultados extraordinarios. Es una invitación a abandonar las dudas, los miedos y las excusas que limitan nuestra fe. Solo con una mente renovada podemos experimentar la plenitud del poder que rompe cualquier límite.

El poder que rompe límites también se evidencia en la capacidad para perdonar y sanar heridas profundas. En el ministerio de Eliseo, vimos cómo la gracia de Dios restauraba no solo cuerpos enfermos, sino también corazones quebrantados. El poder de Dios tiene la capacidad de liberar a las personas de las cadenas del resentimiento, el odio y la amargura. Esta liberación interior es vital para avanzar en la vida espiritual y personal. Sin perdón, es imposible experimentar plenamente la libertad que Dios ofrece. Eliseo nos muestra que el poder divino actúa en todas las áreas de la vida, incluyendo aquellas que a menudo ignoramos, como el perdón y la reconciliación. Así, el poder que rompe límites también sana y restaura desde adentro hacia afuera.

Otro aspecto fundamental de este poder es su capacidad para crear nuevas oportunidades y abrir caminos donde antes no los había. Eliseo fue un hombre que vio más allá de las circunstancias visibles y creyó en lo que Dios podía hacer en lo invisible. Este poder nos invita a ser visionarios, a tener fe en lo imposible y a actuar en consecuencia. Cuando nos apoyamos en el poder de Dios, somos capaces de atravesar muros que parecían infranqueables y superar obstáculos que parecían definitivos. La historia de Eliseo nos recuerda que Dios no está limitado por nuestras dificultades; Él puede hacer caminos en lugares donde solo hay barreras. Esta esperanza nos motiva a no rendirnos, sino a persistir confiando en que lo imposible puede hacerse realidad.

El poder que rompe límites también nos llama a una dependencia total de Dios en cada aspecto de nuestra vida. Eliseo nunca actuó por su propia fuerza, sino siempre bajo la dirección y el respaldo del Espíritu Santo. Este reconocimiento de nuestra fragilidad humana y la necesidad del poder divino es lo que nos permite ser verdaderamente transformados. La humildad para depender de Dios es la llave que abre la puerta a milagros y a la manifestación sobrenatural. Sin esta dependencia, cualquier intento humano queda limitado y condenado al fracaso. Por eso, este poder nos enseña a vivir en una actitud constante de entrega y confianza en Dios. Así, podemos experimentar la plenitud de su poder en nuestra debilidad.

Además, este poder tiene un propósito claro: la glorificación de Dios. Los milagros y las obras poderosas que realizó Eliseo no fueron para su propio beneficio ni para llamar la atención, sino para demostrar que Dios es soberano y digno de toda honra. Cada manifestación del poder divino es una oportunidad para que otros reconozcan la grandeza y la fidelidad de Dios. Esto nos recuerda que el poder que recibimos no es para ser usado con egoísmo, sino para servir y glorificar al Señor. Nuestra vida debe ser un testimonio vivo de su poder y amor. Vivir bajo este poder implica una responsabilidad sagrada de reflejar la gloria de Dios en todo lo que hacemos.

Este poder también nos impulsa a ser instrumentos de esperanza en un mundo necesitado. La obra de Eliseo no solo transformó su propia vida, sino que impactó a toda una comunidad. Dios usa nuestro testimonio y nuestro ministerio para llevar esperanza a quienes están en desesperación. El poder que rompe límites se manifiesta en la capacidad de traer luz a la oscuridad y vida donde había muerte espiritual. Cada acción inspirada por este poder se convierte en un mensaje de que Dios sigue obrando y que su amor no tiene fin. Somos llamados a ser portadores de esa esperanza, demostrando que en Dios todo es posible.

El poder que rompe límites nos desafía a mantenernos firmes en la fe, aun cuando los resultados no sean inmediatos. Eliseo tuvo que esperar y perseverar en su llamado, confiando en que Dios cumpliría su palabra. Esta paciencia activa es una expresión de fe madura que no se deja abatir por las circunstancias. Nos enseña que el poder de Dios actúa en su tiempo perfecto y que debemos estar preparados para recibir su manifestación en cualquier momento. La espera no es pasiva, sino una oportunidad para fortalecer nuestra relación con Dios y crecer espiritualmente. De esta manera, el poder que rompe límites se convierte en un motor que nos impulsa a avanzar con confianza.

Este poder nos transforma en agentes de reconciliación y paz. Eliseo no solo luchó contra fuerzas visibles, sino que también promovió la unidad y la armonía en su pueblo. La verdadera manifestación del poder divino no genera divisiones ni conflictos, sino que construye puentes y restaura relaciones. En un mundo lleno de odio y divisiones, ser portadores de este poder significa ser sembradores de paz y reconciliación. Nuestra misión es reflejar el amor de Dios que une y sana corazones rotos. Así, el poder que rompe límites se convierte en un mensaje de esperanza para la humanidad.

Además, este poder fortalece nuestra identidad como hijos e hijas de Dios. Eliseo comprendió que su identidad estaba fundada en la relación con el Padre celestial y en la herencia espiritual que había recibido. El poder de Dios nos confirma quienes somos y para qué fuimos llamados. Nos llena de valor y propósito, recordándonos que somos parte de un plan divino más grande. Esta seguridad nos protege de las dudas y nos impulsa a vivir con integridad y autenticidad. El poder que rompe límites afirma nuestra dignidad y nos capacita para vivir en plenitud.

El poder que rompe límites no se conforma con barreras ni acepta excusas humanas. Es un poder que desafía nuestras creencias limitantes y expone la grandeza de un Dios sin fronteras. Muchas veces somos nosotros mismos quienes establecemos límites que Dios nunca puso. Pensamos que no somos dignos, capaces o preparados, cuando en realidad el llamado ya fue declarado. El poder de Dios busca vasos dispuestos, no perfectos. Su unción no se rige por las credenciales del hombre, sino por la obediencia del corazón. Cuando alguien se atreve a creerle a Dios más allá de sus temores, los cielos se abren con poder. Este poder opera donde hay fe genuina, rendición total y hambre de su gloria. Y cuando ese poder actúa, todo límite humano se convierte en oportunidad divina.

Dios ha depositado en nosotros un poder que no puede ser restringido por circunstancias externas. Aunque el entorno parezca adverso, la unción que habita en nosotros proviene del cielo. Los discípulos fueron encerrados, perseguidos y silenciados, pero el poder en ellos no fue contenido. El mismo Espíritu que levantó a Cristo de los muertos vive en nosotros, rompiendo toda cadena. No estamos llamados a ser víctimas del sistema, sino agentes del Reino. Somos portadores de una gloria que transforma ciudades, culturas y generaciones. El límite real nunca ha sido lo externo, sino lo que creemos internamente. Cuando renovamos nuestra mente con la verdad de Dios, el poder fluye con libertad. Ningún obstáculo puede resistir a una vida completamente rendida al Espíritu. Por eso, Dios sigue buscando a quienes se atrevan a cruzar las fronteras con Su autoridad.

Hay límites generacionales que deben ser quebrantados por el poder de Dios en nuestras vidas. Algunos crecieron en contextos donde la fe era superficial o ausente. Otros cargan con traumas, miedos y fracasos heredados de sus antepasados. Pero el poder que recibimos en Cristo no es débil ni limitado por el pasado. Es un poder restaurador que reescribe historias y redime linajes. Cuando el poder del Espíritu Santo entra, los ciclos se rompen y nace una nueva narrativa. Dios no se limita a lo que heredamos de carne y sangre; Él introduce Su linaje celestial en nosotros. Nos transforma en pioneros espirituales, liberadores de futuras generaciones. No importa cuán oscuro haya sido el ayer, el poder de hoy abre el camino hacia el mañana. En Cristo, cada herida se vuelve testimonio, y cada límite, un umbral de gloria.

La cultura también establece límites que el poder de Dios está llamado a romper. Vivimos en un mundo que normaliza la incredulidad, la inmoralidad y la confusión. Pero el poder que portamos no es para esconderse ni adaptarse al sistema. Es un poder para confrontar con amor, transformar con verdad y restaurar con misericordia. Daniel, José, Ester y muchos otros vencieron culturas contrarias mediante el poder de su fe. No se contaminaron, no se doblegaron, y no se escondieron. Fueron testigos de que el poder de Dios es mayor que la presión cultural. Hoy también necesitamos creyentes que no negocien su identidad por aceptación. El poder que rompe límites actúa cuando decidimos ser diferentes, santos y comprometidos con el Reino. Solo así podremos ver una cultura transformada desde adentro hacia afuera.

Muchos creyentes han limitado el poder de Dios por experiencias pasadas negativas. Tal vez oraron y no vieron el milagro, sirvieron y fueron heridos, creyeron y fueron decepcionados. Pero el poder de Dios no se basa en nuestros resultados, sino en Su naturaleza inmutable. Él sigue siendo el Dios de lo imposible, aun cuando nosotros no lo comprendamos todo. El dolor no cancela el propósito; más bien, lo purifica. La fe debe ser purificada por el fuego de la prueba para que sea genuina. Cuando decidimos confiar otra vez, a pesar de lo vivido, el poder se manifiesta con más intensidad. Dios honra a quienes perseveran, a quienes se levantan del polvo con una nueva alabanza. Y en esa rendición renovada, el poder que rompe límites fluye con autoridad celestial.

No podemos seguir limitando a Dios con nuestras agendas humanas y estructuras rígidas. A veces planificamos tanto que dejamos fuera la intervención divina. El poder del Espíritu no se acomoda a horarios ni protocolos: Él se mueve donde hay hambre y libertad. Las reuniones donde fluye su poder son aquellas donde los corazones están dispuestos a ser interrumpidos por el cielo. No es cuestión de método, sino de ambiente espiritual. Debemos volver a darle al Espíritu Santo el lugar central, no decorativo. El poder que rompe límites no es algo que controlamos, sino que seguimos con reverencia. Nuestra tarea es preparar el terreno, no manipular el mover. Y cuando dejamos espacio para que Dios sea Dios, lo imposible se vuelve inevitable.

El temor al qué dirán ha sido una de las limitaciones más grandes en la Iglesia. Muchos callan cuando deberían hablar, se esconden cuando deberían avanzar, se adaptan cuando deberían confrontar. Pero el poder que rompe límites también rompe el miedo. El Espíritu no nos dio un espíritu de cobardía, sino de poder, amor y dominio propio. Cuando alguien se llena del poder de Dios, la opinión de los hombres deja de ser su medida. Comienza a actuar por convicción, no por conveniencia. El testimonio de los primeros creyentes fue de valor, incluso ante la muerte. Hoy, más que nunca, necesitamos ese coraje santo que nace del fuego de la presencia. Solo así seremos una Iglesia que rompe los límites del temor y establece el Reino con valentía.

La incredulidad es otro de los muros que deben caer ante el poder de Dios. Jesús no hizo muchos milagros en ciertos lugares por causa de la incredulidad. No porque Su poder se limitara, sino porque la fe abre la puerta al cielo. Una mente incrédula limita el mover de Dios, pero un corazón expectante lo provoca. Debemos alimentar nuestra fe con la Palabra, el testimonio y la oración ferviente. Cuando una comunidad cree junta, lo sobrenatural se vuelve natural. El poder que rompe límites necesita un pueblo que crea sin reservas. No se trata de fe emocional, sino convicción fundamentada en la verdad de Dios. La incredulidad se vence con adoración, intimidad y obediencia diaria. Así, el poder se manifiesta como respuesta a una fe activa y constante.

Dios está buscando creyentes que vivan más allá de sus límites personales. Que no se definan por su nivel académico, posición social o historia pasada. Él llama a los débiles, pero los llena de su poder para que hagan proezas. La gloria no es del hombre, sino del Dios que lo capacita. No debemos esperar a sentirnos listos; debemos actuar cuando Él nos llama. Cada paso de obediencia abre una dimensión nueva de su poder. Lo que parece pequeño en nuestras manos se multiplica cuando es entregado con fe. No hay límite que no se rompa cuando alguien cree a pesar de sí mismo. Y cuando vivimos en esa dimensión, nos convertimos en instrumentos de lo eterno en lo natural.

El poder que rompe límites no es un evento aislado, sino un estilo de vida. Es vivir con los ojos puestos en lo invisible, creyendo lo que aún no se ve. Es caminar sobre las aguas del llamado, confiando en la voz del Maestro. Cada día se convierte en una oportunidad de manifestar su poder en lo cotidiano. En la familia, el trabajo, la comunidad y la Iglesia, somos portadores de esa gloria transformadora. No hay frontera que detenga a un hijo de Dios lleno del Espíritu. El poder que rompe límites no está reservado a unos pocos, está disponible para todos los que se rinden completamente. Es tiempo de dejar de vivir en lo seguro y comenzar a caminar en lo sobrenatural. Porque donde terminan nuestras fuerzas, comienza la manifestación gloriosa de su poder.

Finalmente, este poder es una invitación a vivir en comunión constante con Dios y con la comunidad de fe. Eliseo no actuó en aislamiento, sino como parte de un pueblo llamado a experimentar y manifestar el poder de Dios juntos. La comunión con otros creyentes fortalece nuestra fe y multiplica el impacto del poder divino. Juntos, podemos enfrentar desafíos mayores y ser testigos más efectivos del reino de Dios. Por eso, el poder que rompe límites nos llama a la unidad y al trabajo en equipo para cumplir el propósito divino. Así concluimos este capítulo, con la certeza de que el poder de Dios no conoce límites y que está disponible para todos los que le buscan con corazón sincero.

<u>RESUMEN</u>

- **La confrontación decisiva: El enfrentamiento con los poderes espirituales opuestos**

  Analiza el momento crucial en que Elías se enfrenta directamente a los falsos profetas y a los poderes de Baal, mostrando el conflicto entre la verdadera fe y la idolatría. Reflexiona sobre el simbolismo de esta confrontación y su relevancia para los creyentes hoy.

- **La prueba de fe y obediencia en la hora más difícil**

  Explora las dificultades y pruebas que Elías enfrenta justo antes de su ascenso, incluyendo su momento de desesperación y duda. Destaca la importancia de la fe sostenida en medio de la adversidad como preparación para el llamado final.

- **La trascendencia del llamado: responder al desafío con valentía y dependencia de Dios**

  Examina cómo Elías responde al llamado final con determinación y confianza, y cómo esta actitud debe inspirar a los creyentes a enfrentar sus propios desafíos espirituales. Habla de la dependencia total en Dios para vencer las pruebas decisivas.

Capítulo 8: La Herencia Espiritual Y Su Responsabilidad

La herencia espiritual que Eliseo recibió de Elías es mucho más que un simple legado; es una transferencia de autoridad, poder y misión que marca un antes y un después en la historia del pueblo de Dios. Este legado no solo se manifiesta en milagros o señales visibles, sino en la continuidad de una relación profunda y fiel con Dios. Recibir esta herencia implica asumir una gran responsabilidad, porque con el poder viene la obligación de ser fieles mayordomos de lo que Dios nos confía. Eliseo no solo heredó el manto físico de Elías, sino también la carga espiritual y el llamado a ser instrumento de la voluntad divina. Esta responsabilidad nos invita a reflexionar sobre cómo estamos manejando nosotros la herencia que Dios nos ha dado, ya sea en la fe, en los dones o en la misión. La herencia espiritual no es un premio para la comodidad, sino un llamado a la entrega y al servicio continuo.

El legado de Eliseo nos muestra que la herencia espiritual debe ser cultivada y no simplemente recibida como una tradición pasiva. Él tuvo que demostrar su compromiso, su fe y su obediencia para poder manifestar el poder que Dios le había otorgado. Esta enseñanza es vital para todos nosotros, porque muchas veces recibimos bendiciones o dones sin realmente vivir la responsabilidad que estos conllevan. La herencia espiritual requiere dedicación, estudio, oración y un corazón dispuesto a seguir a Dios aun cuando el camino sea difícil. Eliseo nos enseña que el verdadero valor de una herencia espiritual se mide por cómo impactamos y transformamos nuestro entorno con ella. No se trata de conservar para nosotros mismos, sino de multiplicar para beneficio de otros.

Además, esta herencia trae consigo la invitación a ser ejemplos de integridad y santidad. Eliseo fue un hombre apartado para Dios, cuya vida reflejaba los principios y valores del Reino. La herencia espiritual no solo implica poder, sino también un llamado a vivir conforme a la voluntad de Dios en cada aspecto de nuestra vida. Esto exige sacrificio, disciplina y un compromiso inquebrantable con la verdad. La sociedad y la iglesia necesitan testigos que no solo hablen de Dios, sino que lo reflejen en su conducta diaria. Por eso, el legado espiritual nos impulsa a crecer en carácter y a ser luz en medio de la oscuridad.

La responsabilidad que conlleva esta herencia también se manifiesta en la capacidad de enseñar y guiar a otros. Eliseo no solo ejerció su ministerio en solitario, sino que se convirtió en mentor y guía para quienes le seguían. La herencia espiritual se multiplica cuando es compartida y enseñada con amor y paciencia. Esto nos recuerda que parte de nuestra misión es levantar y preparar a nuevas generaciones para continuar el trabajo que Dios ha comenzado. El éxito espiritual no se mide solo en logros personales, sino en la capacidad de formar y equipar a otros para que también experimenten el poder y la presencia de Dios. Así, la herencia se perpetúa y se expande.

Otro aspecto crucial de esta herencia es la fidelidad ante las pruebas y adversidades. Eliseo enfrentó múltiples desafíos, oposiciones y momentos de incertidumbre, pero permaneció firme en su llamado. La herencia espiritual no garantiza una vida libre de dificultades; más bien, nos prepara para afrontarlas con fe y valentía. Cada obstáculo es una oportunidad para crecer, para depender más de Dios y para demostrar la autenticidad de nuestro compromiso. La perseverancia en medio de las pruebas fortalece la herencia y la hace visible a los ojos de todos. Esta realidad nos invita a no desanimarnos ante las dificultades, sino a verlas como parte del proceso de madurez espiritual.

La herencia espiritual también nos llama a la humildad y al servicio desinteresado. Eliseo, a pesar del poder que poseía, se mostró siempre como un siervo fiel, dispuesto a poner los intereses de Dios y del pueblo por encima de los suyos propios. La grandeza en el Reino de Dios no se mide por el poder o el reconocimiento, sino por la disposición a servir con amor y humildad. Esta actitud es fundamental para que la herencia espiritual se manifieste de manera genuina y fructífera. Nos desafía a renunciar a la vanidad y al egoísmo, y a vivir con un corazón dispuesto a dar sin esperar nada a cambio. Así, la herencia se convierte en una bendición para muchos y no en una carga personal.

Esta herencia nos invita también a una comunión profunda con Dios, que es la fuente verdadera de todo poder y autoridad. Eliseo no podía ejercer su ministerio sin estar en constante contacto con el Señor, buscando su guía y fortaleza. La dependencia diaria de Dios es el fundamento que sostiene cualquier herencia espiritual. Sin esta comunión, el poder se vuelve vacío y la misión pierde sentido. Nos recuerda que toda manifestación sobrenatural debe estar acompañada de una vida de oración, adoración y estudio de la Palabra. Solo así podemos mantenernos firmes y efectivos en el llamado que Dios nos ha dado.

Además, la herencia espiritual implica un compromiso con la justicia y la defensa de los débiles. Eliseo fue un defensor de los oprimidos y un instrumento de liberación para muchos. La herencia que recibimos no es para beneficio personal, sino para extender el Reino de Dios en justicia y verdad. Esta dimensión social del legado espiritual nos invita a involucrarnos activamente en transformar nuestra sociedad conforme a los principios divinos. La justicia es un componente inseparable del poder de Dios y debe ser visible en nuestras acciones cotidianas. Por eso, la herencia espiritual nos llama a ser agentes de cambio y esperanza en un mundo necesitado.

Esta herencia es un llamado a la esperanza y a la visión de un futuro donde Dios será glorificado en plenitud. Eliseo vivió con la mirada puesta en la promesa de que Dios obrará maravillas en su pueblo y que su Reino no tendrá fin. La herencia espiritual nos invita a no conformarnos con lo visible, sino a esperar con fe las promesas divinas que aún están por cumplirse. Esta esperanza activa nos impulsa a seguir adelante con entusiasmo y confianza, sabiendo que Dios está trabajando incluso en medio de las dificultades. Así, el legado espiritual se convierte en una fuente inagotable de motivación y propósito para nuestras vidas.

La herencia espiritual también nos enseña que la verdadera fuerza no está en la posesión del poder, sino en la capacidad de permanecer fieles y constantes en la misión que Dios nos ha encomendado. Eliseo no permitió que los obstáculos ni las dificultades desviaran su atención de la voluntad divina. En lugar de buscar su propio beneficio, se mantuvo firme en el llamado que recibió, recordándonos que la fidelidad es la clave para que la herencia se manifieste plenamente. Cada uno de nosotros enfrenta pruebas que ponen a prueba nuestra perseverancia, pero esta herencia nos invita a mantenernos firmes, sabiendo que Dios honra la fidelidad. La constancia en el propósito divino abre puertas para que el poder de Dios se revele en nuestra vida y en la de otros. No basta con comenzar bien; es necesario continuar con firmeza hasta el final. La herencia espiritual, por tanto, es un llamado a no abandonar el camino, sino a avanzar con determinación. Así, nuestro testimonio se convierte en un legado vivo para futuras generaciones.

La dimensión comunitaria de esta herencia es fundamental para su perpetuidad y expansión. Eliseo no actuó aislado, sino dentro de un contexto comunitario donde el poder y la bendición de Dios impactaban a muchas personas. La herencia espiritual es algo que debe ser compartido, multiplicado y vivido en comunidad. La iglesia, como cuerpo de Cristo, es el espacio donde esta herencia cobra vida y se manifiesta en obras concretas. Cuando trabajamos juntos, compartiendo dones y talentos, podemos alcanzar un impacto mucho mayor del que podríamos lograr individualmente. La responsabilidad que tenemos hacia nuestra comunidad espiritual implica también cuidar, animar y fortalecer a quienes nos rodean.

Esta comunión fortalece nuestra fe y nos prepara para enfrentar desafíos con unidad y apoyo mutuo. Así, la herencia no solo transforma vidas individuales, sino que edifica un cuerpo fuerte y sólido.

El compromiso con la oración constante es otro aspecto vital de esta herencia espiritual. Eliseo supo que sin la comunicación continua con Dios, ningún poder sería efectivo ni duradero. La oración es el canal que mantiene nuestra relación con Dios viva y activa, y sin ella, nuestra capacidad para cumplir el llamado se debilita. Este hábito espiritual nos fortalece y nos llena de sabiduría para tomar decisiones acertadas en momentos críticos. Además, la oración nos alinea con la voluntad divina, asegurando que nuestras acciones estén bajo la dirección de Dios y no de nuestros propios intereses. Mantener una vida de oración constante es esencial para que la herencia espiritual se mantenga fresca y poderosa. La conexión con Dios es el cimiento sobre el cual se edifica todo ministerio efectivo y fructífero. Por eso, este compromiso es una prioridad innegociable para quienes desean honrar la herencia recibida.

La herencia espiritual también exige una constante renovación y crecimiento personal. Eliseo, aunque poderoso, nunca se conformó con lo que ya había logrado; siempre buscó profundizar su relación con Dios y expandir su ministerio. Este dinamismo es esencial para evitar la rigidez y la esterilidad espiritual. La fe viva siempre está en movimiento, buscando nuevas formas de servir y glorificar a Dios. La renovación nos permite adaptarnos a las nuevas circunstancias y desafíos que enfrentamos como creyentes en un mundo cambiante. Además, un corazón renovado es capaz de recibir nuevas revelaciones y manifestaciones del Espíritu Santo. La herencia que recibimos no es estática; está diseñada para crecer y multiplicarse a medida que respondemos con fe y obediencia. Por eso, el crecimiento espiritual es un aspecto inseparable del legado que Dios nos entrega.

Asimismo, la herencia espiritual nos llama a ser vigilantes y a proteger la verdad que hemos recibido. Eliseo vivió en tiempos donde las falsas enseñanzas y la idolatría amenazaban con desviar al pueblo de Dios. La fidelidad al mensaje recibido requiere discernimiento y valentía para defender la verdad ante cualquier ataque. La protección de la herencia implica también enseñar y corregir con amor, guiando a otros en el camino correcto. Esta tarea es crucial para que el poder y la bendición de Dios no se vean comprometidos por errores o desviaciones. Mantener la pureza doctrinal y espiritual es parte de la responsabilidad que conlleva la herencia recibida. Somos guardianes de un legado sagrado que no debe ser distorsionado ni trivializado. Por eso, la vigilancia y el compromiso con la verdad forman parte integral de este llamado.

La influencia que ejerce la herencia espiritual trasciende generaciones y contextos culturales. Eliseo impactó no solo a su propia generación, sino que su ministerio dejó una huella que trascendió el tiempo. De igual manera, la herencia que recibimos debe estar orientada a dejar un legado duradero que beneficie a futuras generaciones. Este llamado nos motiva a vivir con propósito y a tomar decisiones conscientes que contribuyan a la edificación del Reino de Dios a largo plazo. Cada acción, cada palabra y cada ejemplo que damos puede sembrar semillas que fructificarán en el futuro. Por eso, la visión a largo plazo es esencial para honrar la herencia espiritual y garantizar su perpetuidad. Somos parte de un plan divino que abarca generaciones y nuestra responsabilidad es contribuir a ese propósito eterno.

La herencia espiritual también nos invita a vivir en constante gratitud hacia Dios. Reconocer que todo lo que somos y tenemos proviene de Él nos llena de humildad y nos impulsa a adorar y servir con alegría. Eliseo, consciente del poder que había recibido, nunca olvidó que su fuerza venía de Dios y no de sí mismo. La gratitud mantiene nuestro corazón abierto y receptivo a nuevas bendiciones y renovaciones. Además, una actitud agradecida es contagiosa y fortalece la fe en toda la comunidad. Nos protege de la arrogancia y del orgullo que pueden corromper el ministerio. Vivir agradecidos es una forma poderosa de honrar la herencia y demostrar que reconocemos la soberanía de Dios en nuestra vida.

El poder que recibimos a través de esta herencia no solo transforma circunstancias, sino que también transforma nuestro carácter y nos moldea a la imagen de Cristo. Eliseo fue moldeado por Dios para reflejar Su justicia, amor y misericordia. La transformación interior es fundamental para que el legado que portamos sea genuino y duradero. No basta con realizar obras externas; el poder de Dios debe evidenciarse en un carácter semejante al de Jesús. Esta transformación nos permite ser testigos creíbles y efectivos del Reino. Nos capacita para enfrentar desafíos con la mente y el corazón alineados con la voluntad divina. Por eso, la herencia espiritual es también un proceso de santificación y crecimiento moral.

Recibir una herencia espiritual no es simplemente recibir dones, títulos o posiciones. Es recibir un peso de gloria, una historia que continúa y una responsabilidad que demanda obediencia. Cada generación de creyentes está de pie sobre los hombros de quienes oraron, predicaron, sufrieron y vencieron antes. No podemos menospreciar lo que otros pagaron con lágrimas, ayunos y sacrificios. Su entrega no fue en vano; fue la semilla de nuestro crecimiento actual. Sin ellos, no tendríamos los altares que hoy ocupamos, ni la Palabra revelada que hoy proclamamos. La herencia no es un premio: es una asignación con propósito eterno. Nos ha sido confiada como un depósito sagrado, no para administrarlo con ligereza, sino con reverencia. Aquel que recibe herencia espiritual, debe también asumir una vida de responsabilidad y consagración.

El error de muchos es pensar que la herencia espiritual les pertenece por derecho automático. Pero el Reino de Dios no se transmite por sangre natural, sino por fidelidad espiritual. Eliseo pidió doble porción del espíritu de Elías, pero esa petición le costó seguirlo hasta el final. Hoy, muchos quieren el manto sin el proceso, el poder sin la formación, el llamado sin la cruz. Pero el cielo no bendice la pereza espiritual ni la ambición carnal. La herencia verdadera se otorga a quienes demuestran integridad, obediencia y perseverancia. Dios no entrega su gloria a cualquier mano, sino a las manos que fueron quebradas en dependencia. Esos son los recipientes dignos de portar el fuego eterno. Solo quien valora la herencia, la protege con celo. Y solo quien la protege, puede transferirla multiplicada.

La herencia espiritual no es un museo que se observa; es una llama que se transmite viva. Requiere ser cultivada, vivida y expresada en cada generación. Cuando una generación descuida la herencia, permite que otras caminen en tinieblas. Pero cuando se honra y se aviva, el testimonio de Dios brilla con más fuerza. Somos responsables no solo de recibirla, sino de transmitirla con integridad. Esto requiere más que palabras: requiere testimonio, coherencia y unción. No se trata de una tradición muerta, sino de una vida encendida en Dios. Cada altar levantado en obediencia prepara el camino para los que vienen detrás. Cada acto de fidelidad crea un legado. Y ese legado es la herencia que marcará eternidades.

Es importante enseñar a las nuevas generaciones el valor de la herencia espiritual. No pueden defender lo que no entienden, ni avanzar en lo que no conocen. Debemos explicarles por qué oramos, por qué predicamos, por qué adoramos con intensidad. Debemos compartirles nuestras experiencias con Dios, nuestras batallas y nuestras victorias. Si no lo hacemos, serán como hijos sin memoria, sin dirección, sin identidad. La herencia necesita ser contada, escrita y modelada. Necesita ser vivida en lo cotidiano, no solo en el púlpito. Los hijos espirituales no nacen por casualidad, se forman por impartición y ejemplo. Y si no formamos herederos, nuestro legado se disipará en la historia.

Un legado que no se transmite con claridad, puede ser deformado con facilidad. Muchas desviaciones doctrinales comenzaron cuando se abandonó la herencia de sana enseñanza. Cuando el poder de Dios se reemplazó por entretenimiento, y la presencia por programación. Si no somos vigilantes, nuestra herencia puede volverse una caricatura de lo que fue. Por eso, es urgente cuidar la pureza de lo que recibimos. No para idolatrar el pasado, sino para mantener viva la esencia del fuego de Dios. El Espíritu Santo es quien da vida al legado, pero nosotros somos los mayordomos de su expresión. La Palabra no cambia, pero nuestras generaciones deben oírla fresca y viva. Ser herederos no nos hace inmunes al error, nos hace responsables de no repetirlo. La herencia no es intocable, es preservada con oración, ayuno y verdad.

El enemigo conoce el valor de una herencia y busca estorbar su transmisión. Si logra apagar la voz profética de una generación, deja a la siguiente desprovista de dirección. Por eso, la guerra espiritual por el legado es intensa y constante. No podemos ser ingenuos ni pasivos. Debemos levantarnos como guardianes de lo que Dios nos entregó. Cuidar las raíces, proteger la verdad, discernir los tiempos. No todos querrán la herencia, pero debemos asegurarla para los que sí la valoren. Eliseo rompió el ciclo de olvido siguiendo a Elías con persistencia. Así también nosotros debemos romper ciclos de apatía con pasión renovada. La herencia es lucha, pero también es victoria asegurada si perseveramos.

Hay una generación que está observando en silencio, esperando un ejemplo que seguir. Ellos no necesitan perfección, necesitan autenticidad. Anhelan ver a alguien que ame a Dios más que al sistema, más que al reconocimiento, más que a sí mismo. Cuando vean esa pasión, se activará en ellos el deseo de recibir lo que cargamos. Por eso debemos caminar con intención, conscientes de que todo lo que hacemos es una semilla. Cada acto de fe, cada oración sincera, cada obediencia silenciosa, está formando herederos invisibles. No sabemos quién nos observa, pero Dios sí lo sabe. Y Él quiere que seamos instrumentos de legado, no de olvido. La herencia que cuidamos hoy será la plataforma de conquista de los que vendrán.

Debemos recordar que el mayor tesoro que podemos dejar es una vida en el Espíritu. Más que posesiones o posiciones, necesitamos dejar impartición viva. La herencia espiritual es Cristo en nosotros, la esperanza de gloria. Si dejamos programas pero no presencia, fallamos. Si dejamos estructuras pero no fe, perdimos el rumbo. Nuestra responsabilidad es guiar hacia el trono, no hacia nosotros mismos. Debemos ser flechas que apunten al Cordero, voces que se apaguen para que Él sea oído. La verdadera herencia no nos hace indispensables, nos hace invisibles para que Él brille. Y si cumplimos bien esa tarea, seremos recordados no por lo que hicimos, sino por Aquel que manifestamos.

Finalmente, esta herencia nos invita a mantener una esperanza firme en las promesas de Dios, aun cuando no veamos resultados inmediatos. Eliseo perseveró confiando en que Dios cumpliría sus promesas, aunque las circunstancias parecieran contrarias. La esperanza activa nos sostiene en los momentos difíciles y nos motiva a continuar confiando en el plan divino. Esta esperanza es un ancla para el alma, que nos permite resistir la adversidad con valentía y fe. Nos recuerda que Dios es fiel y que su poder no se limita por el tiempo ni por las circunstancias. Así, la herencia espiritual se convierte en una fuente constante de fortaleza y ánimo para nuestras vidas. Al cerrar este capítulo, comprendemos que recibir esta herencia es un honor inmenso, pero también un llamado serio a vivir en obediencia, amor y compromiso con Dios y con Su pueblo.

RESUMEN

- **El legado de Elías: transmisión de la unción y la autoridad espiritual**

  Explora cómo Elías transmitió su ministerio a Eliseo y la importancia de reconocer y honrar la herencia espiritual recibida. Analiza el valor de la continuidad en el llamado y la responsabilidad que conlleva custodiar la unción divina para la siguiente generación.

- **El costo y el compromiso de mantener la herencia**

  Reflexiona sobre los desafíos, sacrificios y pruebas que implica ser fiel al legado espiritual. Considera las tentaciones de abandonar el llamado y la necesidad de perseverancia para honrar la responsabilidad que conlleva la herencia recibida.

- **La responsabilidad actual: cómo vivir y transmitir el legado profético hoy**

  Examina el papel de los creyentes contemporáneos en custodiar y expandir la herencia espiritual de Elías. Incluye la importancia de la formación, el ejemplo de vida, y el impacto de la enseñanza y la mentoría para la iglesia actual y futura.

  No solo admirar a los Elías, sino levantar nuevos.

Capítulo 9: Significados Que Revelan Destino: Nombres Con Propósito Divino

En la Biblia, los nombres no son simples etiquetas de identificación; son declaraciones de identidad, destino y propósito espiritual. Desde el principio, Dios usó los nombres como vehículos de revelación, comunicando Su voluntad y llamando al hombre a un entendimiento más profundo de Su plan. En la narrativa de Elías y Eliseo, cada nombre mencionado encierra un significado que ilumina la obra de Dios en sus vidas. El contexto de 2 Reyes capítulo 2 está cargado de nombres de lugares y personas que, al ser examinados, revelan aspectos claves del carácter divino y del trato de Dios con el hombre. Conocer el significado de estos nombres no solo enriquece la comprensión del texto, sino que también permite al lector discernir patrones espirituales aplicables hoy. Este capítulo busca desenterrar esas verdades escondidas en los nombres, mostrando cómo Dios no deja nada al azar. Cada nombre se convierte así en una señal del camino que se recorre en busca del Dios de Elías.

El nombre **Elías** significa "Mi Dios es Yahvé", una declaración poderosa en un tiempo donde el pueblo de Israel oscilaba entre la adoración al verdadero Dios y la idolatría. Su nombre era, en sí mismo, una confrontación contra los dioses falsos y un recordatorio constante de a quién pertenecía. En medio de una cultura pagana, cada vez que Elías era llamado por su nombre, se proclamaba la supremacía del Dios verdadero. Esto no solo identificaba su fe, sino también su misión: restaurar el altar de Yahvé y volver el corazón del pueblo a Dios. Elías vivía conforme al significado de su nombre, convirtiéndose en una viva proclamación de monoteísmo y fidelidad. Su identidad estaba sellada con la verdad de quién era su Dios, y su vida lo reflejaba con integridad. Para nosotros hoy, su nombre nos desafía a preguntarnos si nuestras vidas proclaman con igual claridad en quién creemos.

Eliseo, por otro lado, significa "Dios es salvación", y su vida encarnó precisamente ese mensaje. Mientras que Elías fue el profeta de juicio y fuego, Eliseo fue el profeta de restauración y sanidad. Su nombre anticipaba una nueva etapa en el trato de Dios con Su pueblo: una temporada de misericordia y redención. Los milagros de Eliseo, como la purificación de las aguas de Jericó o la multiplicación del aceite, reflejan la esencia salvadora de su llamado. El nombre de Eliseo no fue una casualidad, sino una declaración profética del ministerio que Dios desarrollaría a través de él. Cada vez que alguien lo llamaba, estaba recordando que Dios tiene el poder para intervenir y salvar. En un mundo necesitado de redención, el nombre de Eliseo nos recuerda que Dios todavía actúa para restaurar lo que está dañado.

Gilgal, uno de los lugares visitados por Elías y Eliseo, significa "rueda" o "remoción", y representa espiritualmente un punto de transición. Fue en Gilgal donde los israelitas fueron circuncidados después de cruzar el Jordán, simbolizando la remoción del oprobio de Egipto. Este lugar representa momentos decisivos de cambio espiritual, donde Dios limpia el pasado para preparar al creyente para lo nuevo. Elías comienza su última jornada con Eliseo desde Gilgal, un indicativo de que el proceso de transferencia espiritual requiere purificación y consagración. En la vida espiritual, todo avance genuino comienza con una obra profunda en el corazón. Gilgal es el lugar donde Dios comienza a remover las ataduras del pasado. Por eso, no es casualidad que la ruta de los profetas empiece allí: todo discípulo que anhela la doble porción debe pasar primero por la purificación.

Luego, se dirigen a **Betel**, cuyo nombre significa "Casa de Dios". En la historia bíblica, Betel fue el lugar donde Jacob tuvo una visión del cielo abierto y una escalera que conectaba la tierra con el cielo. Este nombre denota comunión, revelación y conexión divina. En la travesía de Elías y Eliseo, Betel representa el lugar de intimidad y encuentro con Dios. Sin una experiencia viva de la presencia divina, no se puede portar ni transmitir poder espiritual verdadero. Betel nos recuerda que todo llamamiento profético y todo ministerio deben estar anclados en una relación cercana con el Dios vivo. Es en la "casa de Dios" donde se recibe dirección, se renueva la visión y se aviva el llamado. Todo aquel que quiere experimentar al Dios de Elías debe hacer de Betel una estación constante en su caminar.

Jericó, otro de los lugares mencionados, significa "lugar de fragancia" o también está asociado con la luna, por su raíz hebrea "yareach". A pesar de su significado positivo, Jericó también es recordada como una ciudad maldita tras su destrucción bajo Josué. Sin embargo, bajo el ministerio de Eliseo, Jericó es transformada en un lugar de restauración cuando purifica sus aguas. Esto nos muestra que, aun los lugares marcados por juicio, pueden ser redimidos cuando el poder de Dios se manifiesta. El nombre de Jericó entonces se convierte en un símbolo de gracia: lo que fue maldito puede volver a ser útil y bendecido. Es una imagen poderosa del alcance restaurador de Dios, incluso sobre aquello que parecía desechado. El Dios de Elías no solo juzga, también redime. Jericó nos recuerda que no hay territorio que Él no pueda transformar.

Al fin, los profetas llegan al **Jordán**, cuyo nombre significa "el que desciende", haciendo alusión a su curso descendente hacia el Mar Muerto. Espiritualmente, el Jordán representa muerte, separación y paso hacia una nueva dimensión. Fue allí donde Israel entró a la Tierra Prometida, donde Jesús fue bautizado, y donde Eliseo recibió la doble porción del espíritu de Elías. El descenso al Jordán es simbólico del proceso de humillación y entrega total necesario para recibir poder de lo alto. No se puede subir en el Reino de Dios sin primero descender en humildad. En el caso de Eliseo, el Jordán fue el punto culminante de su prueba: ver a su maestro partir y recoger el manto. Para el creyente hoy, el Jordán representa el lugar donde se cruzan los límites de lo natural hacia lo sobrenatural.

Los hijos de los profetas también aparecen en esta narrativa, aunque sus nombres no son dados explícitamente, su presencia representa a los testigos y observadores del mover de Dios. Ellos vieron, de lejos, lo que Eliseo vivió de cerca. En la Biblia, a menudo encontramos personajes sin nombre que representan actitudes o posturas espirituales. En este caso, son símbolo de los que prefieren observar en vez de participar. Su papel nos invita a decidir si queremos ser protagonistas del mover de Dios o simples espectadores. Ellos reconocieron que el espíritu de Elías reposaba sobre Eliseo, pero no fueron parte del proceso. Esto revela que la herencia espiritual no se recibe por herencia institucional, sino por pasión, seguimiento y obediencia. Dios busca corazones comprometidos, no observadores pasivos.

A lo largo de la Biblia, vemos cómo Dios cambia nombres para marcar un nuevo destino: Abram se convierte en Abraham, Sarai en Sara, Jacob en Israel, Saulo en Pablo. Estos cambios no son meramente simbólicos, sino reflejan transformaciones profundas en la identidad y propósito del individuo. En el contexto del Dios de Elías, cada nombre mencionado en 2 Reyes 2 nos señala un proceso divino en acción. La revelación de estos significados nos ayuda a entender que la obra de Dios no es improvisada, sino intencional. Cada nombre, cada lugar, es un peldaño en la formación espiritual del hombre o mujer de Dios. Así como Eliseo pasó por Gilgal, Betel, Jericó y el Jordán, también nosotros somos llevados por rutas espirituales donde nuestro carácter es moldeado. Dios nos encuentra en cada estación y revela algo de Sí mismo en cada etapa.

Comprender el significado de los nombres bíblicos no es simplemente una curiosidad académica, sino una clave para interpretar cómo Dios se comunica con nosotros. En Su Palabra, Dios se revela a través de nombres porque los nombres definen la esencia de lo que se describe. Al estudiar estos nombres, encontramos capas de significado que nos guían a una relación más profunda con Él. Estos nombres son mapas espirituales que trazan el camino del crecimiento, la fe y la obediencia. También nos muestran que Dios sigue hablándonos de manera personal, contextual y significativa. El Dios de Elías no es un Dios mudo; habla, y a menudo lo hace a través de nombres. Por eso, cada uno de estos nombres merece atención, meditación y respuesta.

A la luz de todo lo expuesto, es evidente que los nombres en las Escrituras son más que un recurso literario; son declaraciones del cielo sobre la tierra. Cada nombre, al ser revelado, arroja luz sobre el carácter, la misión y el destino de personas y lugares dentro del plan eterno de Dios. Cuando entendemos que Elías significa "Mi Dios es Yahvé" y Eliseo "Dios es salvación", comprendemos que sus ministerios fueron reflejos vivientes de esos significados. El recorrido por Gilgal, Betel, Jericó y el Jordán no fue un simple viaje geográfico, sino una ruta espiritual cargada de revelaciones simbólicas. Todo en el texto señala que Dios es intencional al guiarnos a través de lugares, experiencias y relaciones que marcan nuestras vidas. A veces, no entendemos por qué pasamos por ciertos "lugares" espirituales, pero al estudiar sus nombres, encontramos pistas de lo que Dios está obrando. Este entendimiento nos ayuda a interpretar nuestro propio camino con mayor sabiduría. Si Dios usó los nombres en la vida de los profetas, también los usará para hablar a nuestra generación.

Hoy más que nunca, vivimos tiempos en los que necesitamos recuperar el valor espiritual de los nombres. Hay un clamor por identidad, por destino, por propósito, y la Palabra de Dios nos muestra que el nombre correcto puede catalizar un llamado divino. Esto no quiere decir que todos debamos cambiar nuestro nombre literal, pero sí debemos vivir con conciencia del nombre que Dios nos ha dado espiritualmente. En Apocalipsis 2:17 se nos dice que el que venciere recibirá una piedrecita blanca y un nombre nuevo que nadie conoce, sino el que lo recibe. Esto significa que Dios aún está nombrando a sus hijos con títulos celestiales que reflejan sus funciones eternas. Así como Jacob fue transformado en Israel después de luchar con Dios, también nosotros estamos en un proceso de transformación identitaria. Dios nos nombra conforme a lo que Él ve en nosotros, no conforme a nuestras debilidades presentes. Es tiempo de vivir a la altura del nombre que Él nos ha dado, y no del que las circunstancias o el pasado nos impusieron.

Los lugares por los que pasó Eliseo también nos hablan del proceso que cada siervo debe vivir para ver la manifestación del Dios de Elías. Gilgal nos llama al arrepentimiento; Betel, a la comunión; Jericó, a la restauración; y el Jordán, al sacrificio y la entrega. No se puede portar el manto de un Elías sin haber cruzado esas estaciones espirituales. El poder de Dios no se manifiesta en los cómodos observadores, sino en los comprometidos que siguen el camino del proceso. Cada uno de estos nombres revela no solo dónde estuvo Dios, sino cómo actúa y transforma. No hay casualidad en los nombres, y tampoco la hay en los procesos. Lo que Eliseo vivió fue un mapa que hoy también podemos seguir para encontrar al Dios que se revela a través del nombre, del lugar y del propósito.

La pregunta "¿Dónde está el Dios de Elías?" se responde también entendiendo los nombres que rodearon esa búsqueda. Él está en el Gilgal del quebrantamiento, en el Betel del encuentro, en el Jericó de la redención, y en el Jordán de la rendición total. Él está cuando llamamos las cosas por su verdadero nombre, reconociendo su origen divino y su destino profético. El Dios de Elías no ha cambiado, y continúa obrando en las vidas de aquellos que caminan por el sendero de estos nombres. Nuestra generación está llamada a redescubrir el lenguaje del cielo, un lenguaje que se expresa en símbolos, acciones y, sí, también en nombres. No podemos ser indiferentes ante la profundidad de lo que Dios ha nombrado. En cada nombre revelado, hay una promesa que espera ser abrazada.

Los nombres en la Biblia no son accidentes fonéticos, sino declaraciones proféticas. Cada nombre cargaba una palabra divina que anunciaba el destino o la misión del portador. Así como Jacob fue transformado en Israel, también muchos de nosotros somos llamados a vivir bajo una nueva identidad en Cristo. El cambio de nombre muchas veces venía acompañado de un cambio de dirección, de carácter y de autoridad. En ese sentido, Dios no solo llama por nombre, sino que redefine nuestro nombre según su propósito eterno. No somos lo que otros nos han llamado, sino lo que el cielo ha decretado sobre nosotros. La revelación de nuestro verdadero nombre espiritual nos conecta con la tarea que fuimos creados para cumplir. A menudo, solo después del encuentro con Dios, se revela el verdadero significado de quienes somos. Es en la intimidad con Él donde entendemos nuestro valor y nuestra función en su Reino. El nombre es más que una etiqueta: es una asignación.

Cuando Dios llama a alguien por su nombre, lo está llamando a su destino. Moisés, Samuel, María, y Saulo son ejemplos de cómo una sola mención puede transformar una vida para siempre. En el llamado hay intención, pero también impartición. Dios no solo nos llama; nos equipa para cumplir lo que ese nombre representa. Muchos han vivido bajo etiquetas que los limitaron, pero cuando la voz de Dios rompe esas ataduras, comienza la revelación del diseño divino. Eliseo, cuyo nombre significa "Dios es mi salvación", vivió para demostrar que su vida dependía completamente del respaldo divino. Su nombre fue su declaración diaria. Cuando entendemos el nombre que Dios nos ha dado, entendemos también la autoridad que nos ha sido confiada. Y así, caminamos no en confusión, sino en claridad espiritual. Los nombres del cielo no limitan, liberan.

El poder del nombre también se conecta con la comunidad. En la Biblia, los nombres de lugares revelaban temporadas, promesas y hasta advertencias. Betel, Jericó, Gilgal, y el Jordán no eran simples referencias geográficas: eran señales del trato de Dios con su pueblo. Volver a esos lugares es también volver a recordar lo que Dios hizo allí. Por eso, cuando el profeta pasaba por esos sitios, no era casualidad; cada nombre tenía un eco eterno. El creyente que entiende el lenguaje de los nombres camina con discernimiento profético. Nada es al azar en la narrativa divina. Incluso en nuestras vidas, los nombres que marcamos sobre ministerios, familias o hijos deben ser filtrados por el Espíritu. Hay poder creativo en lo que pronunciamos. Por eso, el nombre correcto en el tiempo correcto puede abrir dimensiones espirituales largamente cerradas.

Cuando analizamos los nombres desde la perspectiva hebrea, entendemos que no eran meros sonidos, sino portadores de revelación. Cada sílaba cargaba una historia, una esperanza o una intervención divina. Así, nombres como Isaac ("risa") no solo indicaban gozo personal, sino el cumplimiento de una promesa que parecía imposible. Del mismo modo, José ("Dios añadirá") vivió la adición continua de favor, gracia y propósito. Estos significados no fueron elegidos por azar, sino orquestados por Dios desde antes de nacer. Cuando Dios da un nombre, lo hace con conocimiento completo del futuro de esa persona. Nada escapa a su intención ni a su sabiduría. Por eso, cuando alguien en la Biblia recibe un nuevo nombre, su vida entra en una nueva etapa de cumplimiento profético. El nombre refleja el cielo en la tierra. Es una marca invisible de destino.

También es importante reconocer que los nombres tenían influencia generacional. El nombre de Abraham ("padre de multitudes") no solo impactó su vida, sino la de todos sus descendientes. Lo que Dios le prometió fue sellado en su nombre, y así fue recordado a lo largo de las Escrituras. Esto nos muestra que nuestros nombres pueden ser puentes entre el presente y las promesas futuras. Al entender esto, muchos padres en la Biblia nombraban a sus hijos con base en lo que esperaban que Dios hiciera. Era una forma de sembrar proféticamente en el tiempo. En la actualidad, aún podemos hacer esto bajo la guía del Espíritu Santo. Podemos declarar destino en cada nombre, romper maldiciones pasadas y establecer identidad en la verdad de Dios. El nombre correcto, pronunciado con fe, puede alinear a una generación entera con el cielo. Esto es parte del poder restaurador de Dios en las familias.

Los nombres también reflejan procesos. Por ejemplo, el nombre Mara ("amargura") fue adoptado temporalmente por Noemí en medio del dolor. Sin embargo, Dios no la dejó en ese estado. Su historia terminó con redención y restauración, demostrando que los nombres temporales no definen el destino eterno. Esto enseña que, aunque pasemos por estaciones difíciles, Dios tiene la última palabra sobre nuestro nombre y nuestro futuro. El cambio de nombre, entonces, es una declaración de victoria sobre la prueba. Así como Pedro fue transformado de Simón ("cambiante") a piedra firme, así nosotros somos llamados a vivir por lo que Dios dice de nosotros, no por nuestras debilidades. El proceso purifica, pero no destruye; prepara. La historia de cada nombre es parte del testimonio completo del alma humana en manos de Dios. Aun los nombres que parecen oscuros pueden ser redimidos.

Por eso es importante también orar por revelación sobre nuestros propios nombres. Muchos creyentes caminan sin comprender el peso profético de lo que portan. No es superstición, es discernimiento espiritual. Cuando reconoces lo que Dios ha dicho sobre ti, comienzas a vivir intencionalmente. Dejas de vagar y empiezas a caminar. Entiendes que no naciste para adaptarte, sino para transformar. El Espíritu Santo puede revelar el sentido oculto de tu nombre, o incluso darte uno nuevo, espiritual, que se alinee con tu propósito. Esto ha ocurrido con muchos ministros, misioneros y profetas a lo largo de la historia. A través de sueños, palabras proféticas o tiempos de intimidad, Dios revela identidades ocultas. Y con el nombre viene también la responsabilidad y la autoridad.

Los nombres son recordatorios del pacto. Cuando Dios cambió el nombre de Abram a Abraham, y de Sarai a Sara, selló su pacto eterno con ellos. El nombre nuevo fue la firma del cielo sobre sus vidas. De igual manera, en Apocalipsis se nos promete una piedrecita blanca con un nombre nuevo que nadie conoce, sino el que lo recibe. Ese nombre no será un simple alias celestial; será la revelación plena de nuestra identidad redimida. En ese nombre estarán nuestras batallas, nuestras lágrimas, nuestra fidelidad y nuestro fruto. Será un nombre conocido por Dios y compartido con nosotros como una joya sagrada. Por tanto, el estudio de los nombres no es un detalle menor, sino un portal hacia realidades más profundas del Reino. Cada nombre escrito por Dios revela amor, intención y destino. Y nuestra responsabilidad es descubrirlo, abrazarlo y vivirlo con propósito.

Así concluimos este capítulo con una invitación: permite que Dios te hable a través de los nombres que han marcado tu vida. Tal vez hay nombres que necesitas soltar, porque no reflejan lo que Dios dice de ti. Tal vez hay lugares por los que has pasado y no comprendiste su propósito hasta ahora. Hoy es el día de pedir revelación, de pedir al Espíritu Santo que ilumine cada etapa del camino con su luz. El Dios de Elías sigue nombrando, sigue guiando, y sigue manifestándose a través del significado oculto en los nombres. Cada uno de nosotros puede decir, como Eliseo, "¡Dónde está el Dios de Elías!", y encontrarlo en el significado de su historia. Que los nombres del cielo se escriban sobre nuestras vidas. Que entendamos que no somos definidos por la tierra, sino por lo que Dios ha dicho de nosotros desde la eternidad. Y que vivamos como quienes han recibido nombre nuevo, con propósito eterno.

RESUMEN

- **Los nombres hablan: el lenguaje profético en cada identidad**

  Explora cómo los nombres en la Biblia no son accidentales, sino que están impregnados de propósito y mensaje divino. Cada nombre revela el carácter, la misión o el destino de una persona o lugar.

- **Lugares con voz: geografías que cuentan historias espirituales**

  Detalla cómo ciertos lugares bíblicos como Betel, Jericó, Gilgal o Jordán tienen significados que moldean los acontecimientos y experiencias espirituales.

- **Profecías encubiertas en la etimología**

  Un análisis más profundo sobre cómo los significados originales en hebreo o griego revelan claves espirituales ocultas en la superficie de los textos.

Capítulo 10: Regresando A Jericó: El Lugar De Fragancia

Jericó, más que un punto geográfico en la narrativa bíblica, es un lugar cargado de memoria espiritual y simbolismo profético. En las Escrituras, aparece por primera vez como la primera ciudad conquistada en la Tierra Prometida bajo el liderazgo de Josué. Fue un sitio marcado por la obediencia sobrenatural, cuando los muros cayeron no por armas, sino por alabanza y fe. Sin embargo, también fue una ciudad maldita, pues Josué declaró que cualquiera que la reconstruyera lo haría a costa de sus hijos. A pesar de esto, siglos más tarde, Jericó vuelve a tener relevancia en el ministerio de Eliseo. Allí se manifiesta la redención de Dios cuando el profeta sana sus aguas amargas. Regresar a Jericó no es una contradicción, sino una declaración de que el Dios de Elías también transforma lugares malditos en fuentes de vida. El nombre Jericó significa "fragancia" o "lugar perfumado", y en este capítulo exploraremos cómo ese nombre se convierte en una profecía cumplida a través del poder restaurador de Dios. Hoy, Jericó nos desafía a volver donde hubo ruina para ver florecer una nueva estación.

El regreso a Jericó es, en esencia, una imagen de esperanza para todos los que han vivido en sitios marcados por el dolor. Es fácil querer evitar los lugares que nos recuerdan fracasos o heridas del pasado. Sin embargo, el Dios de Eliseo nos muestra que hay propósitos escondidos incluso en los espacios de derrota. En Jericó, los hombres de la ciudad reconocen que el lugar es hermoso, pero su fuente de agua es mala y la tierra estéril. Esa es una imagen poderosa de personas o situaciones que, por fuera, parecen tener potencial, pero están contaminadas en lo profundo. Eliseo no ignora el problema; al contrario, lo confronta con dirección divina. Él pide un recipiente nuevo y sal, lo cual tiene un simbolismo profundo que analizaremos más adelante. Jericó no será restaurada con métodos naturales, sino con la intervención del Dios que cambia esencias. En ese acto profético, la ciudad deja de ser sinónimo de maldición y se convierte en una fuente de bendición. Eso es lo que Dios quiere hacer con nuestras propias "Jericós".

El hecho de que Jericó signifique fragancia y sin embargo estuviera contaminada, revela una profunda contradicción espiritual. Muchas veces vivimos con nombres o promesas que no se alinean con nuestra realidad actual. Hay lugares, ministerios, familias e incluso personas cuyo nombre profético habla de vida, pero cuya situación refleja muerte o estancamiento. Jericó representa esa tensión entre lo que Dios ha dicho y lo que el presente manifiesta. Pero en esa tensión también hay oportunidad para milagros. Eliseo no se asusta por la contradicción entre el nombre y la condición; más bien, es ahí donde se activa su fe. Si tu vida hoy parece estar en ese tipo de disonancia, este capítulo es para ti. El Señor quiere enseñarnos a mirar más allá de la apariencia y a actuar conforme al poder restaurador del cielo. Porque donde el mundo ve una ciudad estéril, Dios ve un lugar que puede volver a perfumar la tierra. Regresar a Jericó es entonces una declaración de fe y obediencia.

El recipiente nuevo que pide Eliseo no es un detalle trivial en la historia, sino un símbolo del tipo de instrumento que Dios requiere para liberar restauración. No bastaba con la sal, ni con una vasija usada anteriormente; tenía que ser algo nuevo. Esto apunta a la necesidad de renovación en los que Dios usa para traer sanidad a lo dañado. No podemos derramar gracia en estructuras que han sido contaminadas por métodos pasados sin transformación. El recipiente nuevo representa corazones renovados, ministerios consagrados, canales limpios por los cuales la presencia de Dios puede fluir sin impedimento. Eliseo no se limitó a orar por las aguas; él actuó proféticamente, obedeciendo una estrategia espiritual. Este principio nos enseña que la restauración verdadera no es accidental, sino fruto de dirección divina y obediencia radical. El poder estaba en Dios, pero se manifestó a través de los elementos simbólicos que

Eliseo utilizó. Así también Dios quiere manifestar su gloria hoy, usando instrumentos nuevos para liberar fragancia donde antes había esterilidad.

La sal es otro elemento clave en este milagro, y tiene un profundo significado espiritual a lo largo de la Biblia. En Levítico, la sal es usada en los sacrificios como símbolo de pureza y pacto. Jesús dijo que nosotros somos la sal de la tierra, lo que implica que somos agentes de preservación, sabor y purificación. En el caso de Jericó, la sal no fue echada al agua directamente, sino desde un recipiente nuevo, indicando que no solo importa lo que llevamos, sino cómo lo llevamos. La sal echada por Eliseo se convierte en un símbolo de pacto renovado entre Dios y ese territorio. Es como si el profeta estuviera diciendo: "Esta ciudad volverá a ser útil, volverá a dar fruto, volverá a reflejar su nombre". Esto nos enseña que la sal de nuestra vida —nuestro carácter, nuestra fidelidad, nuestra integridad— tiene un impacto real sobre los ambientes donde ministramos. Dios usa nuestra pureza para sanar aguas amargas. Por eso es necesario mantenernos como sal con sabor, útiles en Su mano.

La transformación de Jericó fue inmediata, pero también duradera, pues el texto declara que las aguas quedaron sanas hasta el día de hoy. Este detalle no solo habla de un milagro momentáneo, sino de un cambio permanente en la esencia de la ciudad. Es una afirmación profética que nos llena de esperanza: lo que Dios sana, permanece sano. No fue una intervención superficial, sino una obra profunda que tocó la raíz del problema. En este caso, el agua es símbolo de la fuente de vida, y al ser restaurada, todo lo demás también comenzó a florecer. Cuando Dios toca nuestras fuentes, todo lo demás se alinea. El cambio en Jericó no fue cosmético; fue estructural. Por eso, cuando pedimos que Dios restaure nuestras propias Jericós, debemos estar dispuestos a permitirle que toque nuestras raíces. Él no quiere solo sanarnos por fuera, sino purificarnos desde adentro. El testimonio de Jericó es que una ciudad maldita puede convertirse en una ciudad viva.

Jericó también representa territorios espirituales que han sido reclamados por el enemigo pero que pertenecen al pueblo de Dios. Fue la primera ciudad que cayó ante Israel en la conquista, y su caída fue estratégica para el avance del Reino. Sin embargo, su historia se tornó en advertencia cuando fue reconstruida en desobediencia a la palabra de Josué. Esa reconstrucción trajo muerte, y su legado quedó manchado por el juicio. Aun así, en el tiempo de Eliseo, Dios decidió reescribir la historia de Jericó, dándole un nuevo comienzo. Esto nos enseña que incluso lo que fue edificado fuera de la voluntad de Dios puede ser redimido cuando hay arrepentimiento y una intervención profética. No hay territorio que esté completamente perdido si Dios decide manifestar Su gloria allí. Regresar a Jericó es entonces una señal de autoridad espiritual: un acto de recuperación y restauración. Dios está llamando a su pueblo a reclamar lugares donde antes hubo maldición, y a declarar que el tiempo de fragancia ha llegado.

Jericó también nos confronta con una pregunta profunda: ¿qué hacemos cuando el lugar que una vez fue escenario de derrota se convierte en el campo de una nueva oportunidad? Muchos evitan enfrentar el pasado por temor a revivir heridas, pero Eliseo demuestra que el llamado profético muchas veces nos lleva de regreso a esos mismos lugares. No para condenarlos, sino para redimirlos. Dios no le pidió a Eliseo que evitara Jericó, sino que ministrara allí con poder. El regreso del profeta es una acción deliberada que afirma: "Aquí también Dios puede obrar". Esa es la esencia del Dios de Elías: transformar lo que fue vergüenza en fragancia. Jericó fue vista por años como lugar de maldición, pero Dios decidió cambiar su esencia. Este principio debe despertar nuestra fe: si Dios pudo restaurar Jericó, puede restaurar cualquier área de nuestra vida. No hay memoria maldita que no pueda ser tocada por la gracia. Donde una vez hubo muerte, puede haber fragancia.

La transformación de Jericó también nos enseña sobre la importancia de la obediencia profética. Eliseo no actuó por impulso, sino por dirección divina. Él sabía que no bastaba con desear el cambio; tenía que aplicar principios espirituales que activaran el milagro. En nuestro contexto, esto significa que no basta con buenas intenciones o palabras motivacionales. Se requiere discernimiento, oración, santidad, y una vida sensible a la voz de Dios. Jericó no se sanó por accidente; fue resultado de un acto profético alineado con el corazón del cielo. Hay lugares donde hemos fracasado, pero que aún esperan por una palabra ungida que lo transforme todo. Dios sigue buscando hombres y mujeres que estén dispuestos a regresar a esos lugares con una vasija nueva y sal en sus manos. No para llorar por lo que se perdió, sino para activar lo que puede nacer. Esa es la verdadera redención: no olvidar el pasado, sino permitir que Dios lo reescriba con Su gloria.

El hecho de que los hombres de Jericó reconocieran el problema es también parte esencial del milagro. Muchas veces no vemos transformación porque nos negamos a aceptar que hay algo roto. Ellos dijeron: "el lugar es bueno, pero el agua es mala". Esa honestidad es clave para la intervención divina. Mientras encubrimos la realidad, el cielo permanece en silencio. Pero cuando abrimos el corazón y confesamos la verdad, el poder de Dios se activa. Esto se aplica tanto a personas como a comunidades enteras. Hay iglesias, ministerios, familias, que tienen gran potencial, pero cuyas aguas internas están contaminadas por heridas, orgullo o pecado oculto. Admitirlo no es debilidad; es el primer paso hacia la sanidad. Jericó nos enseña que cuando se reconoce la necesidad, Dios responde con redención. No fue la perfección lo que atrajo al profeta, sino la humildad. Cuando dejamos de aparentar y nos mostramos como realmente estamos, el Señor puede obrar con libertad.

La restauración de Jericó también es un testimonio para las generaciones futuras. El texto dice que las aguas quedaron sanas hasta el día de hoy. Esto implica que el milagro de Dios no fue pasajero, sino permanente. La sanidad divina no es temporal ni limitada a un momento emocional. Es profunda, duradera y heredable. Lo que Dios hace en ti, puede marcar a tus hijos, y a los hijos de tus hijos. Jericó pasó de ser una advertencia a convertirse en un ejemplo de la fidelidad de Dios. Cada generación que bebió de esas aguas después del milagro conoció una ciudad distinta. Esto nos motiva a creer que las decisiones espirituales que tomamos hoy pueden transformar nuestro linaje. Tu obediencia hoy puede ser la razón por la cual tus descendientes no repetirán ciclos de destrucción. Así como Eliseo cambió la historia de una ciudad, también tú puedes cambiar la historia de tu casa. Regresar a Jericó no solo es un acto personal; es una inversión eterna en generaciones venideras.

Además, Jericó nos recuerda que los lugares físicos también tienen memoria espiritual. En las Escrituras, los sitios donde Dios se manifestó eran marcados con altares, piedras o nombres nuevos. Esto indica que la geografía no es neutra, sino que puede ser afectada por lo que ocurre espiritualmente en ella. Jericó tenía un historial de juicio, pero también fue escenario de uno de los milagros más significativos del ministerio de Eliseo. Esto cambia nuestra perspectiva sobre los espacios que habitamos. Nuestro hogar, nuestra ciudad, incluso nuestra iglesia, pueden ser lugares de gloria si invitamos la presencia de Dios a manifestarse. No hay lugar que Él no pueda redimir si se le da acceso. Jericó nos invita a mirar con ojos espirituales nuestros entornos y declarar: "Aquí también puede haber fragancia". Lo que fue lugar de ruina puede convertirse en altar de adoración. El Dios de Elías no está limitado por geografías pasadas.

El proceso en Jericó también refleja el carácter de Eliseo como un hombre de restauración. A diferencia de Elías, cuyo ministerio fue marcado por confrontación, Eliseo se presenta como un canal de sanidad. Esto no es contradicción, sino complemento. Hay momentos para declarar juicio, pero también hay tiempos para liberar gracia. Jericó necesitaba a alguien que pudiera ministrar redención sin comprometer la santidad. Eliseo fue ese instrumento. Esto nos habla de la necesidad de discernir qué tipo de intervención requiere cada situación. No todas las batallas se pelean con fuego; algunas se ganan con sal. No todo problema se resuelve con confrontación; algunas heridas se sanan con compasión. Eliseo representa esa sensibilidad espiritual que sabe cuándo aplicar justicia y cuándo liberar gracia. Jericó fue restaurada no con espada, sino con símbolo. El profeta nos deja un legado de equilibrio entre poder y ternura. Hoy, el mundo necesita más profetas como Eliseo.

El regreso a Jericó también nos enseña que no debemos evitar los lugares difíciles si Dios nos está guiando hacia ellos. Muchas veces preferimos caminar hacia nuevas conquistas sin enfrentar lo que quedó sin resolver. Pero Dios es un Dios de ciclos completos. Él no nos lleva al próximo nivel sin asegurarse de que el anterior fue restaurado. Jericó fue parte del proceso, no una interrupción. Si Eliseo hubiera ignorado ese lugar, parte de su ministerio habría quedado incompleto. Esto nos desafía a revisar nuestros propios "Jericós": lugares, relaciones, ministerios o situaciones que tal vez hemos evitado, pero que Dios quiere redimir. Volver no es retroceder, si lo haces bajo dirección divina. Es parte del testimonio que Él quiere levantar en ti. Si Él te llama de nuevo a ese lugar, es porque algo glorioso quiere manifestar allí. El regreso no es derrota, es restauración.

Jericó se convierte en un modelo de cómo Dios puede cambiar el significado de un lugar a través de su intervención sobrenatural. De ciudad maldita pasó a ciudad de fragancia. De símbolo de ruina, a ejemplo de restauración. Este cambio fue posible porque hubo un profeta que se atrevió a volver, y una comunidad que se atrevió a pedir ayuda. Ese mismo patrón puede repetirse hoy. Dios sigue buscando Eliseos que se levanten con vasos nuevos y sal profética para sanar aguas amargas. Sigue buscando ciudades que confiesen: "tenemos belleza, pero necesitamos sanidad". La fragancia que una vez se perdió, puede ser restaurada. Las fuentes estériles pueden volver a dar vida. Jericó nos invita a creer en lo imposible. A regresar donde fuimos heridos, para ver allí la gloria de Dios.

Jericó no fue solo una ciudad conquistada, fue también una promesa manifestada. En ella se fusionaron los ecos del pasado con los llamados del futuro. Cuando Eliseo regresa a Jericó, no lo hace como un simple viajero, sino como un representante del cielo. Ya no venía siguiendo a Elías, venía caminando en el poder del Dios de Elías. En ese regreso, Jericó se convierte en plataforma de restauración y testimonio. El lugar donde una vez cayeron muros, ahora se levanta como punto de partida para milagros. Eliseo no ignora su historia; la redime. Y lo hace con la autoridad que da haber cruzado el Jordán y recibido el manto. Jericó simboliza el cruce entre lo que fue y lo que será. Volver allí era necesario para confirmar que el ciclo del propósito no se ha roto.

Eliseo encuentra una ciudad reconocida por su belleza, pero afectada por aguas estériles. Este contraste entre apariencia y realidad refleja el estado de muchos creyentes y ministerios. Lo que se ve no siempre es lo que se vive. Jericó estaba bien ubicada, tenía historia, pero le faltaba salud en su fuente. Esta es la condición de muchas iglesias: forma sin fruto, estructura sin esencia. Eliseo no critica, actúa. No señala el problema, se convierte en solución. Y lo hace con una intervención profética que transforma lo improductivo en fuente de vida. Porque donde está la unción verdadera, hay poder para revertir maldiciones antiguas. La fragancia de Jericó se activa cuando la fuente es sanada.

La restauración de Jericó comienza en el punto más profundo: sus aguas. Lo visible no cambiará hasta que lo invisible sea transformado. Eliseo pide sal y un vaso nuevo, y profetiza desde ese acto una verdad eterna: lo viejo no puede contener lo nuevo. El profeta no se limita a orar; él actúa con dirección divina. La sal representa la pureza, la preservación y la alianza. Al colocarla en la fuente, está anunciando un pacto de renovación. Jericó ya no será conocida solo por su caída, sino por su sanidad. El Dios de Elías está operando en el silencio de un milagro cotidiano. La gloria de lo que viene supera el trauma de lo que fue. Porque cuando Dios restaura, también redirige.

Regresar a Jericó fue una confrontación con el legado. Eliseo sabía que no podía evitar las responsabilidades que ahora cargaba. Tenía que ejercer el poder, no solo cargarlo. Tenía que hablar, no solo recordar. En cada paso, el profeta reafirmaba que el llamado no termina con la partida de los líderes, sino que se perpetúa en sus discípulos. Jericó fue su primera asignación pública. No fue una plataforma, fue una prueba. Y al resolver el problema de la ciudad, confirmó que el Dios de Elías estaba con él. No con palabras vacías, sino con evidencia. Porque los verdaderos llamados se revelan en los resultados, no en los títulos.

La sanidad de Jericó no fue instantánea en apariencia, pero sí definitiva en esencia. La fuente fue purificada desde su origen, y desde ahí todo cambió. Muchas veces queremos transformar situaciones desde lo externo, pero Dios nos lleva al centro del problema. Así trabaja el Espíritu: va al corazón, a lo oculto, a lo profundo. Eliseo entendía que no podía sanar Jericó sin tocar sus entrañas. Este acto profético también habla de nuestra vida espiritual. Si queremos una fragancia genuina, debemos permitir que Dios purifique nuestras fuentes internas. El corazón, como fuente de la vida, debe ser sanado con verdad. Y esa verdad es Cristo, el agua viva. Solo así la fragancia de Jericó vuelve a esparcirse.

El acto de Eliseo también recuerda que toda restauración es para un propósito mayor. Dios no sana por capricho, sana para enviar. Jericó sería de nuevo una ciudad de influencia, pero esta vez con una identidad purificada. El testimonio del milagro corrió rápido, y la autoridad del profeta fue confirmada. No solo se trataba de demostrar poder, sino de establecer principios. La sal en la vasija nueva hablaba de un nuevo comienzo, de una generación fresca con fundamentos firmes. Eliseo no solo fue el portador del manto; fue el portador de una esperanza renovada. Jericó fue su altar de obediencia y su plataforma de influencia. Allí no comenzó la historia, pero sí se proyectó el futuro.

Hoy también hay muchas "Jericós" que necesitan ser restauradas. Lugares, ministerios, corazones… que tienen historia, pero han perdido la esencia. El llamado sigue vigente: sanar las aguas. Para ello, se necesita gente como Eliseo, que no se intimide ante los problemas, sino que actúe con fe. La sal y la vasija nueva siguen siendo necesarias. Es tiempo de llevar el pacto de Dios a las fuentes contaminadas. Es tiempo de profetizar vida donde antes hubo ruina. Jericó no está condenada, está en espera de un Eliseo que vuelva con unción. No basta con mirar la necesidad; hay que intervenir con dirección celestial. La fragancia se recupera cuando el agua es limpia.

El regreso a Jericó no es un retroceso, es una reivindicación. Es volver al lugar de la pérdida con una palabra de restauración. El profeta no regresa como víctima, sino como enviado. Eso es lo que hace Dios con los que han pasado por el Jordán: los regresa para restaurar. Jericó fue un campo de batalla, pero ahora es un altar de transformación. Allí donde cayeron muros, se levantan milagros. Lo que antes fue símbolo de derrota, ahora es escenario de gloria. Y ese es el ciclo del Reino: convertir ruinas en testimonio. Dios transforma los lugares marcados por el juicio en territorios de fragancia. Jericó, el lugar de fragancia, resplandece otra vez.

La fragancia restaurada de Jericó no solo habla de una ciudad sanada, sino de un pueblo reconciliado con su propósito. Donde antes hubo sequía y muerte, ahora fluye agua pura que sustenta vida. Este cambio no es simplemente geográfico, es profundamente espiritual. Es una señal del cielo de que cuando Dios toca la raíz, el fruto inevitablemente cambiará. Eliseo no solo restauró una fuente física; también liberó una palabra que rompió ciclos de esterilidad. Jericó, en su nueva condición, se convirtió en testimonio viviente de que Dios no ha terminado con los lugares caídos. La fidelidad divina resplandece en los sitios más impensados. La fragancia que ahora emana no es producto humano, sino intervención divina. Dios está dispuesto a restaurar cualquier Jericó si encuentra un corazón obediente. La historia no termina con destrucción, sino con redención.

Es significativo que la transformación de Jericó no requirió un ejército, sino un solo profeta con una instrucción precisa. Esta verdad nos recuerda que no siempre se necesita una multitud para iniciar un cambio espiritual duradero. Dios puede usar a una sola persona rendida para revertir generaciones de ruina. Eliseo fue ese instrumento: disponible, sensible y determinado. Su acción fue sencilla pero cargada de fe y significado. No hubo espectáculo, pero sí impacto. No hubo gritos, pero sí gloria. Jericó no necesitaba palabras bonitas, sino intervención genuina. Y eso es lo que Dios sigue haciendo hoy: levantando profetas que no buscan fama, sino fruto. Hombres y mujeres dispuestos a regresar al lugar de los muros para restaurar su fuente.

El testimonio de Jericó transformada es también una comisión para quienes llevan el manto en esta generación. El Espíritu sigue llamando a los Eliseos de hoy a volver con unción y propósito. Porque mientras existan ciudades heridas, habrá necesidad de profetas sanadores. Mientras existan fuentes contaminadas, habrá necesidad de sal celestial en vasijas nuevas. No podemos ignorar los lugares marcados por la pérdida, porque allí es donde más se necesita la fragancia de Cristo. El regreso no es señal de debilidad, sino de obediencia. Volver con el poder de Dios es afirmar que el pasado no determina el futuro. Jericó restaurada es símbolo de gracia triunfante. Y tú también puedes ser parte de ese regreso, si decides llevar la sanidad de lo alto a las fuentes quebradas.

La restauración de Jericó no comenzó con palabras, sino con una acción profética impulsada por fe. Eliseo no se limitó a observar el dolor del pueblo, sino que actuó con la convicción de que Dios podía revertir lo imposible. Su expectativa no estaba puesta en el pasado de la ciudad, sino en el poder presente del Dios de Elías. Allí, en medio de una historia marcada por el juicio, se levantó una nueva narrativa escrita con obediencia y esperanza. Cuando Dios encuentra un corazón dispuesto, aun las ciudades malditas pueden volver a florecer. Eliseo fue canal de esa transformación, no por su fuerza, sino por su sensibilidad a la voz de Dios. Y esa misma disposición es la que se requiere hoy para sanar nuestras propias Jericós. Porque cuando lo sobrenatural toca lo quebrado, siempre hay posibilidad de renuevo.

Así culmina este capítulo con una invitación clara: examina tu Jericó. ¿Cuál es el lugar en tu vida que una vez fue herido, pero que Dios quiere restaurar? No temas volver si Él te guía. No temas enfrentar lo que una vez dolió. La sal está en tus manos, y la dirección del cielo está disponible para ti. Si lo haces en obediencia, verás las aguas amargas convertirse en fuente de bendición. Dios no ha terminado con ese lugar. Jericó aún puede perfumar. Y tú serás el instrumento que Él use para hacerlo.

RESUMEN

- **El poder de regresar: confrontar el pasado para redimirlo**

  Reflexión sobre la importancia de volver a lugares marcados por dolor o maldición para permitir la intervención sanadora de Dios.

- **La fragancia de la redención: cuando lo estéril vuelve a dar vida**

  Explica cómo Dios puede restaurar lugares donde antes solo había ruina, trayendo fertilidad espiritual, emocional y ministerial.

- **Un legado transformado: de maldición a herencia de sanidad**

  Examina cómo Jericó se convirtió en testimonio eterno del poder restaurador de Dios, afectando generaciones futuras.

Capítulo 11: Cincuenta Testigos: Del Jordán A Pentecostés

A la distancia, cincuenta hijos de los profetas observaron atentamente aquel momento trascendental en la historia de Israel. No estaban entre los protagonistas del cruce del Jordán, pero sí fueron testigos del mover sobrenatural que estaba por manifestarse. Representaban una generación de observadores, conscientes del mover de Dios, pero aún no inmersos en él. Esta escena nos recuerda a otro grupo, también de cincuenta, reunidos en el aposento alto esperando la promesa del Padre. Ambos grupos estaban expectantes, a la espera de un derramamiento que marcaría la historia espiritual de los creyentes. Los hijos de los profetas sabían que algo estaba por suceder, pero no sabían cómo ni cuándo. Aun así, no se alejaron, sino que permanecieron observando el lugar donde la gloria caería. Su número no es casualidad; cincuenta es el número de Pentecostés, símbolo del jubileo, libertad y derramamiento. El Espíritu estaba por tomar el relevo de manera visible. Lo que comenzó con Elías estaba a punto de multiplicarse en Eliseo, como luego ocurriría con Cristo y sus discípulos.

El número cincuenta aparece con fuerza profética desde el Antiguo Testamento. Pentecostés significa "quincuagésimo día", y señala la culminación de un tiempo de espera para una nueva dimensión de revelación divina. En el contexto de 2 Reyes 2, esos cincuenta profetas representan la antesala del poder que se transfiere y la autoridad que se confirma. Aunque no caminaron con Elías hasta el final, no fueron ignorantes de lo que ocurría en el mundo espiritual. Del mismo modo, los discípulos que esperaban en Jerusalén no sabían cómo descendería el Espíritu, pero sí sabían que algo glorioso vendría. Cincuenta marca el cumplimiento de una promesa, la plenitud de un ciclo, la manifestación de una nueva etapa. Así como Eliseo recibió el manto, los apóstoles recibirían lenguas como de fuego. El Espíritu de Dios es el hilo que conecta estos momentos históricos de transformación. La expectativa espiritual no es pasividad, sino preparación para lo divino.

Los hijos de los profetas representan a los que perciben, pero aún no participan plenamente. Su ubicación "a lo lejos" es reveladora: hay quienes observan la unción, pero no la portan todavía. Sin embargo, su presencia no fue inútil, porque actuaron como testigos del traspaso generacional. En Pentecostés, los que esperaban en obediencia no solo observaron, sino que fueron llenos. La gran diferencia está en la cercanía al altar de obediencia. Eliseo cruzó con Elías y pidió doble porción; los discípulos esperaron con un corazón unánime. Los cincuenta del Jordán y los ciento veinte del aposento alto fueron testigos de una gloria que transformó generaciones. Hay una línea que conecta el río con el fuego, la transición con la promesa. A través del Espíritu Santo, Dios convierte a los observadores en participantes activos de su propósito eterno. Ese mismo Espíritu sigue buscando a quienes estén dispuestos a recibir su poder.

No se necesita estar entre la multitud para ser marcado por Dios. Los cincuenta hijos de los profetas estaban lejos, pero sus ojos estaban fijos en el movimiento celestial. Esto nos enseña que la atención espiritual también puede ser una forma de adoración. Sin embargo, observar no basta si no se responde al llamado. Muchos cristianos hoy están en la posición de los cincuenta: conscientes de la presencia, pero renuentes a avanzar. Pentecostés vino para cambiar esa mentalidad. El Espíritu descendió para empoderar a los que estaban dispuestos a ir más allá de la contemplación. Eliseo rompió esa distancia cuando tocó las aguas con el manto. Los apóstoles rompieron el miedo cuando salieron a predicar con poder. Dios busca a quienes no solo vean, sino que también crucen y reciban. El llamado es a moverse del borde al centro de la acción espiritual.

El manto que descendió de Elías simboliza la impartición del poder profético. Es una señal de que el Espíritu de Dios no termina con un hombre, sino que continúa con los dispuestos. De igual manera, en Pentecostés, el Espíritu no descendió sobre un solo apóstol, sino sobre todos. La unción ahora sería colectiva, distribuida entre una comunidad de creyentes. Los cincuenta que observaban vieron el cambio de estación, pero solo Eliseo lo vivió. En el Nuevo Testamento, los ciento veinte no solo fueron testigos, sino protagonistas de una nueva era. Es necesario dejar la orilla de la seguridad para entrar en el río de la promesa. Eliseo no pidió poder para sí, sino para continuar el propósito de Dios. Los discípulos tampoco buscaron protagonismo, sino el cumplimiento de la voluntad divina. Allí donde hay humildad y obediencia, el Espíritu encuentra lugar para derramarse.

Los profetas que miraban a lo lejos podrían haber sentido celos, temor o admiración. Su reacción no fue indiferente, pero su posición los mantuvo fuera del mover directo. Esto refleja la realidad de muchos creyentes que reconocen lo que Dios está haciendo, pero no se sienten parte. Pentecostés desafía esa mentalidad: el Espíritu es para todos los que creen y esperan. Ya no hay barrera entre los que ven y los que reciben. Dios quiere que cada hijo se convierta en un vaso de su gloria. Eliseo no fue escogido por popularidad, sino por perseverancia. Los apóstoles no fueron los más sabios, sino los más disponibles. La impartición siempre sigue a la disposición del corazón. Ver desde lejos no es condenación, pero no debe ser nuestro destino. Estamos llamados a recibir y caminar en el mismo poder que transformó a Eliseo y a la iglesia primitiva.

El Jordán fue el lugar de prueba y también de manifestación. Es un río que habla de muerte y renacimiento, de separación y herencia. Los cincuenta hijos de los profetas vieron cómo se abría, pero Eliseo lo cruzó. Hay una gran diferencia entre ser espectador y ser instrumento. Pentecostés no fue solo una promesa cumplida, sino una declaración: el acceso a la presencia ahora está abierto para todos. Ya no hay necesidad de observar a lo lejos cuando el Espíritu nos invita a entrar. El llamado no es solo a ver cómo otros son usados, sino a ser usados también. El manto cayó para que otro lo recogiera, no para adornar la tierra. Así también el Espíritu descendió para que la iglesia lo abrazara, no para que lo recordara como historia. Dios quiere hacernos parte de su mover, no solo testigos de él. El llamado sigue siendo cruzar el Jordán en fe y esperar en el aposento en obediencia.

La similitud entre los cincuenta profetas y los días que se cuentan hasta Pentecostés no puede ser ignorada. Cincuenta días después de la Pascua, el Espíritu descendió con fuego y poder. Así como los profetas estuvieron esperando a lo lejos, los discípulos esperaron con anhelo y unidad. La gran diferencia está en la postura del corazón. Mientras unos veían el mover, otros lo encarnaban. Hoy, el Espíritu sigue buscando corazones como el de Eliseo y como el de los ciento veinte. La unción no se transfiere por proximidad física, sino por disposición espiritual. El hambre y la obediencia son las llaves para recibir lo que Dios está derramando. No se trata solo de números, sino de entrega. No basta con conocer la historia, hay que vivirla. Pentecostés no fue el fin, sino el comienzo de una era de poder accesible.

Los cincuenta hijos de los profetas vieron la señal del manto y el milagro del Jordán dividido. Sin embargo, no fueron ellos quienes empuñaron ese manto ni caminaron sobre tierra seca. Esto nos recuerda que ver milagros no es lo mismo que ser parte de ellos. Dios invita a todos, pero responde a los que se acercan con fe activa. Eliseo se convirtió en el instrumento de la acción porque no se conformó con mirar. Su anhelo era participar, recibir y continuar lo que su maestro había comenzado. En Pentecostés, el mismo principio fue evidente: los que esperaron con corazón unánime recibieron poder. No fue para exhibición, sino para extensión del Reino. El mover de Dios siempre está disponible, pero se apropia con fe, obediencia y perseverancia.

Cuando Eliseo golpeó el Jordán con el manto, no lo hizo para probar algo a los demás. Lo hizo porque creía que el Dios de Elías también era su Dios. Este acto simboliza la transición de fe heredada a fe personal. Pentecostés representó esa misma dinámica en la iglesia naciente. Los discípulos no solo creyeron en Jesús por lo que vieron en él, sino por lo que el Espíritu hacía en ellos. El cambio de dependencia externa a capacitación interna es fundamental para vivir la fe verdadera. Elías fue un canal, pero el poder venía de Dios; Eliseo aprendió eso al tomar el manto. En Hechos, Pedro pasó de negar a Cristo a predicar con valentía porque el poder lo transformó desde dentro. La acción de Eliseo fue una declaración: "Estoy listo para caminar en lo que he recibido". Ese mismo reto se presenta a cada creyente hoy.

La acción de los cincuenta al inclinarse ante Eliseo revela algo profundo. Aunque fueron testigos del milagro, también reconocieron la autoridad transferida. Dios establece sus vasos delante de quienes reconocen su obrar. No se trata de honra humana, sino de validación divina. Pentecostés trajo esa misma claridad: el poder del Espíritu hizo evidente quiénes eran enviados por Dios. Los milagros, las lenguas y la predicación con denuedo no dejaban dudas. El testimonio del cielo autentica a quienes han sido llenos del poder de lo alto. Eliseo no tuvo que defenderse ni explicar nada: el milagro habló por él. La autoridad espiritual se reconoce por su fruto, no por su apariencia. Los que antes observaban a lo lejos, ahora reconocían el mover de Dios en Eliseo.

El fuego de Pentecostés y el torbellino que llevó a Elías comparten un elemento común: ambos manifiestan la acción directa del cielo. Estos eventos extraordinarios no solo marcan una historia, sino que inician un mover. No se trata de experiencias aisladas, sino de inicios divinos. Dios no hace espectáculos, él establece propósitos. El fuego cayó para capacitar, no para impresionar. El torbellino apareció para llevar y entregar, no para deslumbrar. Cada manifestación celestial tiene una misión terrestre. Pentecostés encendió a la iglesia con un propósito evangelístico global. El torbellino de Elías lanzó a Eliseo a una jornada de milagros y confrontación con la idolatría. El Dios de Elías y el Dios de Pentecostés es el mismo: fuego que transforma.

Eliseo regresó con un testimonio que los cincuenta no podían negar. Había estado al otro lado, había visto el cielo abierto, y había recibido el manto. Lo que recibió fue tangible, funcional y visible. Pentecostés también dejó evidencias claras: lenguas, poder y una iglesia en movimiento. Lo recibido por fe produce un impacto que los demás pueden notar. La doble porción no era un título, sino una responsabilidad. Ser lleno del Espíritu no es una medalla, es una comisión. Eliseo comenzó a actuar, no a presumir. La acción es el sello de la llenura. Dios da su Espíritu a los que están listos para caminar en obediencia y servicio. Hoy también hay un manto disponible para los que lo deseen de verdad.

Pentecostés fue la respuesta a la oración de una iglesia expectante. No fue un accidente, sino un cumplimiento. Eliseo también pidió con claridad y determinación. Ambos eventos muestran que Dios honra la fe audaz. No todos piden doble porción, y no todos esperan diez días en unidad. Pero los que lo hacen, reciben. La promesa es para los que creen y perseveran. Dios quiere derramar su Espíritu, pero lo hace sobre vasos disponibles. Eliseo no fue perfecto, pero fue persistente. La iglesia no era madura, pero era obediente. Fe, humildad y espera siguen siendo las llaves para lo sobrenatural.

El paso del Jordán fue más que una transición geográfica; fue un acto profético cargado de simbolismo. Así como Israel cruzó el Jordán para entrar a la tierra prometida, Eliseo cruzó para entrar a una nueva dimensión del llamado. El cruce no solo implicó dejar atrás a Elías, sino dejar atrás su antigua posición. Lo que lo esperaba al otro lado no era solo la unción, sino la responsabilidad de representar al cielo. Esta experiencia se asemeja al paso de los discípulos desde la cruz hasta Pentecostés: dejaron atrás al Maestro visible para recibir al Espíritu invisible. La separación no fue pérdida, sino preparación. Así como el manto descendió sobre Eliseo, el Espíritu descendió sobre los discípulos. Ambos eventos marcaron el inicio de una etapa en la que el poder de Dios se manifestaría a través de hombres comunes. El Jordán fue símbolo de separación, pero también de activación. Pentecostés no fue el fin, fue el verdadero comienzo.

Los cincuenta profetas que se quedaron observando a la distancia representan a aquellos que se conforman con el conocimiento sin impartición. Ellos sabían que algo extraordinario iba a suceder, pero no caminaron lo suficiente para experimentarlo. No fue falta de información lo que los limitó, fue falta de determinación. Esa misma actitud se ve en muchas congregaciones hoy: llenas de datos bíblicos, pero vacías de dinamismo espiritual. Eliseo fue diferente porque se atrevió a seguir más allá del punto de comodidad. Quiso ver, quiso tocar, quiso cargar. Y Dios respondió a esa pasión con una doble porción. En Pentecostés, aquellos 120 estaban ahí porque no se conformaron con ver a Jesús ascender; esperaron la promesa con expectativa y unidad. El fuego no cae sobre el distante, sino sobre el que persevera. La distancia no es medida por metros, sino por hambre espiritual.

Tanto Eliseo como los discípulos fueron testigos del cielo abriéndose, pero también fueron responsables de que ese cielo permaneciera abierto. La experiencia del manto o del fuego no los dejó iguales; los transformó en agentes del Reino. Eliseo no volvió a ser el mismo después del Jordán, como tampoco lo fue Pedro después del aposento alto. Dios no unge para emocionar, unge para enviar. La unción trae dirección, claridad y poder, pero también oposición, peso y rendición constante. No podemos pedir la porción de Elías sin aceptar el precio de Elías. Tampoco podemos desear el poder de Pentecostés sin vivir la obediencia de la cruz. Los verdaderos testigos no son los que observan el milagro, sino los que se convierten en milagro. Elías se fue, pero Eliseo permaneció; Jesús ascendió, pero el Espíritu descendió. Ese ciclo sigue vigente para todo aquel que crea.

La conexión entre el Jordán y Pentecostés revela que el mover de Dios no se trata de eventos aislados, sino de una historia progresiva. Desde el antiguo pacto hasta el nuevo, Dios ha usado transiciones para levantar testigos. Elías representó el fin de una etapa; Eliseo el inicio de una expansión. Jesús cumplió la ley y los profetas; el Espíritu inició la era de la iglesia. Cada generación tiene su Jordán que cruzar, y su Pentecostés que esperar. Pero no todos lo entienden, ni todos lo desean. Muchos quieren los resultados sin los procesos. Pero el que permanece, verá la gloria. El que cruza, recibirá poder. El que espera, será llenado.

Hoy más que nunca, el Espíritu Santo sigue buscando a esos cincuenta que no se queden mirando desde lejos. Él anhela llenar, activar y enviar a cada creyente que anhele caminar en el poder de lo alto. No basta con conocer las Escrituras; hay que vivirlas. No es suficiente con hablar de fuego; hay que ser consumido por él. Eliseo no fue testigo pasivo, fue protagonista obediente. Los del aposento alto no fueron religiosos tradicionales, fueron transformados en testigos vivos. Pentecostés fue un modelo para cada generación hambrienta de Dios. El Jordán nos llama a cruzar, y el fuego nos llama a ser portadores. Pero solo responderán aquellos que no tengan miedo de ir más allá. ¿Seremos nosotros parte de ese número?

La distancia entre el Jordán y Pentecostés no solo se mide en espacio, sino en intención. Ambos momentos representan una entrega total al propósito de Dios. En el Jordán, Eliseo se despoja del pasado para asumir la herencia profética. En Pentecostés, los discípulos se despojan del miedo para recibir el poder prometido. Ambos escenarios revelan la necesidad de separación para habilitar impartición. Eliseo tuvo que estar solo para recibir el manto; los discípulos tuvieron que estar unidos para recibir el fuego. Dios respeta el orden del cielo, y no derrama sin antes preparar los corazones. En ambos casos hubo espera, expectativa y obediencia. El Jordán fue prueba de perseverancia; Pentecostés, recompensa de fe. Solo quienes están dispuestos a cruzar, podrán recibir lo que está al otro lado.

La figura de los cincuenta profetas es un llamado de advertencia para cada generación. Ellos sabían lo que venía, pero no caminaron lo suficiente para verlo de cerca. La revelación sin acción se convierte en frustración. Ver desde lejos no es lo mismo que recibir en carne propia. Así como muchos se conforman con mirar los movimientos de Dios sin participar en ellos, así también muchos se quedan al margen del avivamiento. Eliseo no se quedó en la orilla, avanzó. Los del aposento alto no regresaron a sus casas, permanecieron. Esta diferencia marcó el destino de ambos grupos. La gloria no está reservada a los informados, sino a los decididos. Dios sigue buscando a los que avanzan.

Pentecostés no fue un evento espontáneo, fue la culminación de una serie de instrucciones obedecidas. Jesús les dijo: "Esperad en Jerusalén", y ellos lo hicieron. Esa espera fue activa, en oración constante, en unidad inquebrantable. El fuego no cayó por casualidad, cayó porque hubo corazones preparados. De la misma forma, Eliseo recibió el manto porque no dejó de seguir. No fue el más fuerte ni el más sabio, sino el más persistente. Hay un principio eterno aquí: la perseverancia atrae la unción. Dios premia a los que no se rinden. Pentecostés es herencia de los que esperan con expectativa, y cruzan con obediencia.

Cada movimiento del Espíritu tiene raíces en hombres y mujeres que se atrevieron a responder el llamado. Eliseo no fue solo testigo, fue receptor. Los discípulos no fueron solo seguidores, fueron portadores. Hoy, la historia se repite en otros escenarios, con nuevas generaciones, pero con el mismo Dios. El cielo todavía busca corazones como el de Eliseo. El Espíritu Santo todavía anhela llenar vidas con poder. Pero no todos quieren pagar el precio de la entrega total. Muchos quieren el manto, pero no el camino. Quieren el fuego, pero no la espera. Quieren la gloria, pero no la cruz.

Dios no ha dejado de hablar, ni de derramar, ni de enviar. El Jordán y Pentecostés no son solo relatos, son patrones divinos. Nos invitan a cruzar y a esperar, a seguir y a recibir. Eliseo tomó el manto y lo usó; los discípulos recibieron el fuego y lo proclamaron. No lo guardaron para sí, lo compartieron con el mundo. Esa es la verdadera evidencia del poder recibido: el impacto hacia otros. La pregunta no es si Dios sigue obrando, sino si estamos dispuestos a posicionarnos para ser parte. La unción fluye donde hay obediencia. El fuego desciende donde hay altar preparado. El cielo se abre para los que dicen: "heme aquí".

Hoy, la iglesia se encuentra nuevamente entre el Jordán y Pentecostés. Hay una generación que ha visto a los Elías partir, pero ahora debe decidir si recogerá el manto. El poder está disponible, pero requiere compromiso. El Espíritu no busca espectadores, sino colaboradores. Los cincuenta representan el reto de nuestra época: muchos ven, pocos entran. Pero Dios está levantando Eliseos dispuestos a caminar en doble porción. Pentecostés sigue vigente, sigue cayendo donde hay hambre. El mover de Dios no es historia pasada, es realidad presente. No se trata de mirar milagros, sino de provocarlos por la fe. Hoy también podemos cruzar el Jordán y volver con el poder del cielo.

RESUMEN

- **Testigos del Milagro, No del Manto**

En esta sección se examina la diferencia entre observar el mover de Dios y participar activamente en él. Los cincuenta hijos de los profetas vieron el milagro del Jordán, pero solo Eliseo caminó con el manto. Esta diferencia resalta el llamado a pasar de la pasividad a la acción, y se compara con los que presenciaron Pentecostés sin experimentar su poder transformador. Se enfatiza que la presencia no garantiza participación: se requiere disposición, hambre espiritual y obediencia para recibir herencia espiritual.

- **El Manto y el Espíritu: La Continuidad de la Unción**

Aquí se profundiza en el simbolismo del manto como figura de la unción, autoridad y continuidad del ministerio. Se traza un paralelo entre la transmisión del manto de Elías a Eliseo y la impartición del Espíritu Santo en Pentecostés. Se explora cómo ambos eventos implican preparación, alineación espiritual y disponibilidad. La unción no es una emoción o experiencia momentánea, sino una responsabilidad divina para extender el Reino de Dios con poder.

- **De Expectadores a Protagonistas del Avivamiento**

Este inciso enfatiza el llamado a ser más que observadores. Así como los cincuenta reconocieron el cambio pero no lo portaron, muchos creyentes hoy se quedan a la orilla del Jordán espiritual. Se hace un llamado a levantarse con el Espíritu Santo como lo hizo Eliseo, abrazando el reto de representar a Dios con denuedo. Pentecostés es presentado no solo como un evento histórico, sino como una invitación continua al compromiso con el fuego del cielo. La iglesia actual necesita pasar de la expectación a la manifestación.

Capítulo 12: El Dios De Elías Hoy

Hablar del Dios de Elías hoy es reconocer que el Dios que operó en el pasado no ha cambiado en su poder ni en su propósito. Muchas veces pensamos que las manifestaciones sobrenaturales de antaño son exclusivas de una era pasada, pero la Escritura nos muestra a un Dios eterno, inmutable y fiel. El Dios que abrió los cielos sobre Elías sigue sentado en su trono, esperando corazones dispuestos a creer. La pregunta que surge entonces no es si Dios todavía actúa, sino si nosotros aún creemos. El mismo fuego que cayó sobre el monte Carmelo sigue disponible para los que se atreven a orar con fe. El mismo río que se dividió para Eliseo puede dividirse nuevamente para aquellos que caminan en obediencia. En tiempos de crisis, confusión y decadencia moral, el clamor debe levantarse con más fuerza: "¿Dónde está el Dios de Elías?" No como una queja, sino como un reto. El Dios de Elías no está escondido; solo espera ser invocado con sinceridad.

Hoy vivimos en una generación saturada de información, tecnología y velocidad, pero hambrienta de una manifestación real de Dios. Muchos anhelan experiencias profundas, pero temen los procesos que las preceden. Elías no fue un hombre de experiencias baratas; su caminar fue forjado en soledad, obediencia y fe. Si queremos ver al Dios de Elías hoy, debemos adoptar el carácter de Elías: hombres y mujeres de altar, de palabra y de fuego. Esto significa que debemos renunciar a una espiritualidad superficial, y abrazar una vida rendida completamente al Espíritu. Elías era conocido en el cielo y temido en el infierno, porque caminaba en la presencia de Dios. Hoy, muchos quieren resultados sin relación, poder sin proceso, gloria sin compromiso. Pero el Dios de Elías no puede ser manipulado; solo se manifiesta donde hay entrega total.

Elías era un hombre de oración ferviente, no de discursos elaborados. La Biblia dice que "oró fervientemente para que no lloviese, y no llovió sobre la tierra por tres años y seis meses". Esto nos muestra que el cielo responde a oraciones apasionadas, no a palabras bonitas. Hoy necesitamos regresar a una vida de oración que no dependa de emociones, sino de convicción. Oración que no sea parte de una rutina, sino el latido de nuestra vida. El Dios de Elías no responde a oraciones mecánicas, sino a corazones encendidos. Por eso, donde hay oración auténtica, el fuego vuelve a caer. Las iglesias que han recuperado el altar, están viendo milagros, conversiones y un mover fresco del Espíritu. Elías no tenía multitudes detrás de él, pero tenía una relación íntima con Dios. En un mundo saturado de popularidad, Dios sigue buscando intimidad.

La valentía de Elías también es una característica clave del Dios que lo respaldó. En un tiempo donde Jezabel controlaba la narrativa,

Elías se levantó con una palabra contracorriente. Hoy no es diferente: vivimos bajo sistemas que quieren silenciar la verdad de Dios. Pero aquellos que caminan con el Dios de Elías no callan, aunque cueste su vida. Elías desafió al rey, confrontó al pueblo y retó a los falsos profetas, porque sabía que no hablaba por sí mismo. Quienes conocen al Dios de Elías no buscan aplausos, sino obediencia. La voz profética actual debe dejar de buscar aceptación social y comenzar a proclamar el corazón de Dios. Ser portador de esa voz requiere coraje, porque incomoda, sacude y divide. Pero es esa voz la que Dios respalda con fuego.

El monte Carmelo no fue solo un lugar de confrontación, sino también de revelación. Allí, Dios se mostró superior a Baal, pero también se reveló como un Dios que responde. La frase "que responda Dios con fuego" sigue siendo el clamor de los verdaderos adoradores. Hoy más que nunca, necesitamos un Dios que responda, no con palabras humanas, sino con manifestaciones sobrenaturales. Elías no necesitó gritar ni herirse como los profetas de Baal; solo necesitó un altar en orden y una oración sencilla. El Dios de Elías no requiere espectáculos, solo obediencia. Su fuego no es emocional, es espiritual. Y cuando cae, consume todo lo que no viene de Él. En nuestras congregaciones y vidas personales, necesitamos recuperar esa expectativa: que Dios se manifieste de forma real y tangible. No por show, sino por necesidad espiritual.

Uno de los mayores desafíos de este tiempo es que muchos han cambiado el fuego del cielo por luces artificiales. Se ha sustituido la presencia por presentaciones, la unción por espectáculo, y el mensaje por motivación. Pero el Dios de Elías no se mueve en la superficie; Él busca corazones que clamen por más de Su gloria. La generación de Elías debe levantarse con hambre genuina por lo eterno, no por lo inmediato. Si deseamos verlo obrar como en los días antiguos, debemos dejar de imitar a los falsos profetas y comenzar a restaurar los altares. La adoración que atrae Su presencia no es la más afinada, sino la más sincera. Dios sigue buscando adoradores que lo adoren en espíritu y en verdad. Y donde encuentra uno, allí cae el fuego.

Elías también nos enseña que caminar con Dios no nos exime del quebranto. Después de la gran victoria en el monte Carmelo, lo encontramos huyendo al desierto, deprimido y deseando morir. Esto nos recuerda que incluso los hombres y mujeres de fuego tienen momentos de debilidad. El Dios de Elías no solo se manifiesta en la cumbre, sino también en la cueva. Aquel que envió fuego del cielo también envió un ángel con pan caliente. Hoy necesitamos recordar que Dios no abandona a sus profetas cuando están cansados. Él restaura, alimenta y fortalece. No todo el tiempo estaremos en Carmelo; habrá momentos de silencio, pero no de abandono. El Dios de Elías hoy sigue siendo el Dios que habla con voz suave en medio del quebranto.

El ministerio de Elías también nos muestra que no estamos solos, aunque lo parezca. Él creyó que era el único que quedaba, pero Dios le reveló que aún había siete mil que no habían doblado sus rodillas ante Baal. En esta época, donde la fidelidad a Dios parece escasa, esta verdad sigue siendo vital. No estás solo. Hay una generación escondida que no ha negociado su integridad. El Dios de Elías está levantando hombres y mujeres en todos los rincones del mundo que no han contaminado su fe. Tal vez no son visibles en los medios, pero son visibles en el cielo. La fuerza del remanente no está en su número, sino en su santidad. Y ese remanente está provocando un despertar espiritual silencioso pero poderoso.

El traspaso del manto de Elías a Eliseo también es un símbolo de que el Dios de Elías desea perpetuar su mover en generaciones posteriores. No se trató de un profeta aislado, sino de una generación que continúa el legado. Hoy, esa transferencia espiritual sigue ocurriendo. Dios busca discípulos dispuestos a seguir, servir y recibir doble porción. Eliseo no heredó el poder por accidente, sino por perseverancia. El Dios de Elías hoy sigue entregando mantos, pero no a curiosos, sino a comprometidos. Esta generación tiene acceso a dimensiones aún mayores de gloria, si está dispuesta a caminar en obediencia radical. El manto está disponible, pero hay que seguir al profeta hasta el final. La herencia espiritual no se recibe con deseo, sino con determinación.

El fuego del Dios de Elías no es para entretener, sino para purificar. En muchos contextos, se busca la manifestación como un fin en sí mismo, pero Dios busca que su fuego transforme. El fuego de Dios revela, consume, purifica y empodera. No se trata de una emoción momentánea, sino de una transformación profunda. Elías fue preparado por el fuego antes de invocar el fuego. Su carácter fue probado en sequías, soledad y obediencia. Hoy el desafío es el mismo: ¿estamos dispuestos a pasar por el fuego antes de invocarlo? El Dios de Elías no se usa, se obedece. Su fuego es santo, y no puede ser manipulado para gloria personal. Aquellos que lo buscan con reverencia, lo verán manifestarse con poder.

El Dios de Elías hoy también se revela en la restauración de lo perdido. En tiempos donde las derrotas parecen interminables, Él trae esperanza a los corazones quebrantados. No importa cuán devastador sea el panorama espiritual, económico o familiar, el Dios que secó cielos y abrió ríos sigue siendo especialista en restaurar vidas. La historia de Elías nos muestra que Dios no solo actúa en los grandes eventos, sino en lo cotidiano, en la reconstrucción paciente y amorosa. Hoy podemos ver que, aunque muchas cosas hayan caído, el Dios de Elías está levantando nuevos cimientos firmes. Su fuego quema las cenizas del pasado para dar paso a un nuevo comienzo. Quienes confían en Él encuentran la fuerza para levantarse cada día con renovada fe. No hay lugar tan roto que Dios no pueda transformar. El poder que derribó altares de Baal es el mismo que restituye sueños.

Este Dios también se manifiesta en la unidad del pueblo de Dios. En un tiempo donde la división parece predominar, el Dios de Elías nos llama a la reconciliación. Él es el que hace posible que diferentes generaciones y ministerios se unan en un mismo propósito. La historia del profeta nos recuerda que no es posible avanzar en el reino sin el apoyo mutuo y la comunión. Eliseo, discípulo de Elías, es ejemplo de que la unción se multiplica cuando hay colaboración. El Dios que hizo caer fuego en Carmelo es el que puede unir corazones para una misión mayor. Hoy más que nunca, es necesario derribar muros y edificar puentes en la familia espiritual. Cuando el pueblo camina unido, Dios responde con señales y prodigios. La unidad es el ambiente propicio para la manifestación sobrenatural.

El Dios de Elías es también un Dios de justicia. En tiempos donde la injusticia y la corrupción parecieran dominar, Él se levanta como juez soberano. El profeta confrontó la maldad con valentía porque conocía el corazón justo de Dios. Esta justicia no es solo para castigar, sino para restaurar el orden divino. En nuestros días, su justicia se manifiesta en la defensa de los oprimidos, la liberación de los cautivos y el restablecimiento de la verdad. Quienes buscan al Dios de Elías deben prepararse para ser instrumentos de esa justicia. No es una justicia humana, limitada o parcial, sino la justicia perfecta que viene del cielo. Esto exige valentía, integridad y fe. El Dios de Elías hoy sigue siendo el escudo de los justos.

La manifestación del poder de Dios también se refleja en los milagros y señales. Tal como Elías hizo brotar agua en medio de la sequía o multiplicó el aceite, hoy Dios hace milagros que desafían la lógica humana. Sin embargo, estos milagros no son un fin en sí mismos, sino señales que apuntan a la gloria de Dios. El fuego del cielo no solo consume, sino que también capacita para hacer lo imposible. En muchas partes del mundo, estamos viendo sanidades inexplicables, liberaciones y provisiones sobrenaturales. Estas manifestaciones son recordatorios de que Dios no ha cambiado ni sus promesas ni su poder. Los creyentes llamados a vivir el legado de Elías deben caminar expectantes. La fe se activa cuando se cree en lo imposible y se espera en lo invisible. El Dios de Elías sigue sorprendiendo a los que confían plenamente en Él.

El Dios de Elías es un Dios de revelación. En una época donde la información abunda pero la sabiduría escasea, Él sigue revelando verdades profundas a sus hijos. Elías fue un hombre que recibió revelaciones directas del cielo, y ese acceso sigue abierto hoy. La revelación divina no solo transforma vidas, sino que también guía en tiempos de incertidumbre. Los creyentes que buscan al Dios de Elías deben cultivar una relación íntima que permita escuchar Su voz claramente. La revelación puede venir a través de la oración, la Palabra o el Espíritu Santo. No es un conocimiento intelectual, sino una comprensión espiritual que conduce a la acción. Vivir el Dios de Elías hoy es vivir en expectación de sus revelaciones.

Este Dios es también un Dios de misericordia y perdón. A pesar de la dureza con la que Elías confrontó al pueblo, Dios siempre ofreció oportunidad para el arrepentimiento. Hoy, Dios sigue extendiendo su mano para restaurar a los que se han alejado. El Dios de Elías no es un Dios que castiga sin llamar a la reconciliación. Su fuego purifica, pero su corazón es tierno para con los arrepentidos. En un mundo lleno de heridas y culpas, su misericordia es el bálsamo que sana. Los que conocen a este Dios saben que no hay pecado tan grande que su gracia no pueda cubrir. La experiencia del Dios de Elías es, sobre todo, una experiencia de amor restaurador. Por eso, Él llama a sus hijos a ser también agentes de perdón.

El Dios de Elías es el mismo que acompaña en el silencio. Después de grandes manifestaciones, Elías experimentó el "viento apacible y delicado". Esto nos enseña que Dios no solo se manifiesta en grandes señales, sino también en la paz profunda del alma. En tiempos de ruido, confusión y caos, Él ofrece un refugio secreto para su pueblo. El Dios de Elías no abandona en la soledad ni en la tristeza. Su presencia es tangible en el silencio y en la calma que restaura el espíritu. Aprender a esperar en Él es parte del camino espiritual. No siempre habrá fuego visible, pero siempre habrá fuego oculto en el corazón. Esta comunión íntima es el secreto para mantener viva la llama de la fe.

El Dios de Elías sigue llamando a profetas modernos a ser voz en tiempos de decadencia. Aunque el mundo niegue su existencia, su reino avanza silenciosamente. Cada generación debe responder al llamado de ser testigo fiel, como Elías lo fue en su tiempo. La profecía no es solo palabra de juicio, sino palabra de esperanza y dirección. Los profetas de hoy deben caminar con integridad, sin buscar fama ni poder, sino ser reflejo del carácter divino. El Dios de Elías equipa a sus siervos con valentía y discernimiento. Aun cuando enfrenten rechazo, su mensaje es indispensable para preparar el camino del Señor. La profecía es un fuego que purifica al pueblo y lo prepara para la manifestación plena de Dios.

El Dios de Elías hoy está obrando para despertar una iglesia dormida. La apatía espiritual es uno de los mayores enemigos de la fe genuina. Muchas congregaciones han perdido la expectativa de lo sobrenatural y se han conformado con lo rutinario. Sin embargo, Dios está levantando un movimiento de avivamiento que busca restaurar la pasión y la pureza de la fe. Elías es el modelo perfecto para este despertar, porque su vida fue marcada por un celo inquebrantable. Los creyentes son llamados a reavivar el fuego de la unción que una vez ardió en sus corazones. Esto implica arrepentimiento, entrega total y dependencia del Espíritu Santo. El Dios de Elías está listo para encender nuevamente el fuego en medio de su pueblo.

La fidelidad a Dios, a pesar de las circunstancias, es otra marca del Dios de Elías hoy. El profeta no se dejó influenciar por el contexto de idolatría y persecución. En nuestra generación, las dificultades parecen crecer, pero la fidelidad debe mantenerse firme. Dios honra a aquellos que perseveran sin importar el costo. No se trata de un éxito fácil, sino de una fidelidad que produce frutos eternos. El Dios de Elías fortalece a los que caminan en obediencia fiel, aún cuando parezca que nadie los apoya. La fidelidad abre puertas y provoca la intervención divina. Esta generación está llamada a ser fiel en lo poco para recibir mucho.

El Dios de Elías sigue siendo un Dios de maravillas. Los relatos bíblicos nos hablan de ríos divididos, cielos abiertos y alimentos multiplicados. Hoy, aunque el contexto sea diferente, el Dios de Elías sigue haciendo lo imposible posible. Las maravillas no se limitan a historias antiguas, sino que continúan ocurriendo en el presente. Estos milagros son señales de que el Reino de Dios está cerca. El Dios de Elías no hace acepción de personas, y puede manifestarse en cualquier lugar. El desafío es mantener la fe activa y estar atentos a su movimiento. Los que creen con corazón sincero serán testigos de maravillas diarias. La expectativa de lo sobrenatural debe ser constante en la vida del creyente.

El Dios de Elías también se revela en la soberanía sobre la naturaleza. Él es el creador y sustentador de todo lo visible e invisible. Los relatos de la sequía y las lluvias muestran su dominio absoluto sobre el clima. Hoy en día, aunque la ciencia avance, la fe reconoce que Dios es quien rige los tiempos y las estaciones. Este conocimiento genera una confianza profunda en medio de crisis ambientales o naturales. Saber que el Dios de Elías está en control da paz en medio de las tormentas. Él no solo interviene en lo espiritual, sino también en lo físico. Los creyentes están llamados a orar con autoridad, sabiendo que el Creador escucha y responde. La naturaleza misma es un testimonio de su poder soberano.

El Dios de Elías sigue haciendo sentir su presencia en las comunidades marginadas y olvidadas. En la historia bíblica, Elías fue enviado a lugares inesperados para cumplir su misión. Hoy, el Dios de Elías está obrando en los rincones donde la sociedad no mira. Él se manifiesta en las vidas de los pobres, los enfermos y los rechazados. Su poder transforma realidades que parecen imposibles de cambiar. La iglesia debe ser reflejo de esta compasión activa y poderosa. Los ministerios que trabajan en medio de las dificultades están siendo sostenidos por el Dios de Elías. En ellos, su gloria se hace visible y su amor tangible. La misión continúa en todos los niveles, sin excepción.

El Dios de Elías es también el Dios que fortalece la esperanza. En tiempos de desesperanza generalizada, Él ofrece una luz que no se apaga. La esperanza no es un simple deseo, sino una confianza segura en las promesas divinas. El profeta nos enseñó que incluso en la sequía más dura, Dios tiene el control. Esta esperanza sostiene a los creyentes en medio del desaliento. El Dios de Elías nunca falla, y su fidelidad es la base de nuestra esperanza. Cuando todo parece perdido, su fuego vuelve a encenderse. Por eso, nunca debemos perder la expectativa ni la fe. Él es el Dios de la esperanza viva.

El Dios de Elías sigue llamando a una iglesia radical. El tiempo de la complacencia ha terminado, y Dios levanta un pueblo dispuesto a arriesgarlo todo. Elías fue radical en su amor y obediencia, y ese espíritu debe vivir en la iglesia actual. Esto significa dejar atrás la mediocridad y la indiferencia. Significa levantarse con valentía y proclamar la verdad aún en medio de la oposición. El Dios de Elías quiere una iglesia que se atreva a creer por milagros imposibles. Una iglesia que se entregue sin reservas al Espíritu Santo. El llamado es a una fe sin límites, que camine en lo sobrenatural.

Este Dios también se manifiesta en la fidelidad de sus promesas. Elías fue testigo de que Dios cumple lo que dice, sin importar el tiempo que tome. En la actualidad, la paciencia es fundamental para esperar en Él. La fe se fortalece cuando vemos que Dios es fiel en cada detalle. Sus promesas son garantía de vida eterna y bendición presente. El Dios de Elías no es un Dios de retrasos, sino de tiempos perfectos. Él actúa siempre en el momento oportuno. Por eso, debemos mantener la esperanza viva y confiar en su soberanía. La fidelidad de Dios es el ancla que sostiene nuestra alma.

El Dios de Elías sigue siendo un Dios personal y cercano. No es un ser lejano o indiferente a nuestras necesidades. Él conoce cada detalle de nuestra vida y se interesa profundamente. Elías fue atendido por un ángel en su momento de debilidad, mostrando la cercanía de Dios. Hoy, podemos experimentar esa misma atención personal. Dios responde a las oraciones, consuela en el dolor y guía en la confusión. Su presencia es tangible cuando lo buscamos con sinceridad. El Dios de Elías es un Dios que ama y se involucra en nuestras vidas. No hay distancia entre Él y sus hijos.

El Dios de Elías es un Dios que invita a la esperanza activa. No basta con esperar pasivamente, sino con tomar acción basada en la fe. La historia de Elías nos enseña que la fe se demuestra caminando, orando y obedeciendo. Él no se quedó esperando milagros sin hacer nada; tomó iniciativa. Hoy, el llamado es el mismo: actuar con valentía mientras esperamos la intervención divina. La combinación de oración, acción y fe abre puertas a lo sobrenatural. El Dios de Elías sigue trabajando en medio de la historia humana. Por eso, la pregunta "¿Dónde está el Dios de Elías?" debe ser respondida con vidas que reflejen su poder y gloria. La generación que se atreva a buscarlo con todo su corazón verá maravillas sin precedentes.

El Dios de Elías sigue respondiendo con fuego, sigue llamando, sigue enviando. No se ha debilitado ni ha guardado silencio. Sus ojos recorren la tierra buscando corazones perfectos hacia Él. El problema nunca ha sido la ausencia de Su poder, sino la falta de corazones dispuestos a cargar Su propósito. En tiempos de crisis, Dios siempre ha levantado hombres y mujeres como Elías, que se atreven a confrontar al sistema y declarar Su palabra. No necesitamos nuevas fórmulas, sino una fe antigua que aún cree en un Dios que abre los cielos. La Palabra no ha cambiado, el Espíritu no se ha retirado, y el Reino sigue avanzando. Dios está esperando a quienes le crean más a Él que al temor. El poder sigue disponible, pero el compromiso sigue siendo escaso.

Hoy más que nunca, el mundo necesita ver un Dios real. Pero ese Dios se manifiesta a través de vasos humanos, frágiles, pero rendidos. Como Elías, necesitamos volver a edificar el altar caído y restaurar la devoción verdadera. Hay mucho ruido religioso, pero poca presencia genuina. Las generaciones jóvenes claman por autenticidad, no espectáculo. Necesitan ver a alguien que camina con Dios, no solo que habla de Él. La iglesia no necesita más entretenimiento, sino más intercesores. Elías fue un hombre sujeto a pasiones, pero se atrevió a orar fervientemente. Hoy, el fuego descenderá sobre los que reconstruyan el altar con lágrimas y obediencia. Dios está listo, pero ¿lo estamos nosotros?

No debemos conformarnos con contar historias de Elías como si fueran reliquias del pasado. Cada generación necesita ver una expresión fresca del Dios eterno. Elías confrontó a Acab, desafió a los profetas falsos y restauró el corazón del pueblo. ¿Quién hará eso hoy? Necesitamos profetas que no vendan su voz, intercesores que no negocien sus rodillas, líderes que no amen la plataforma más que la presencia. Dios busca a los que estén dispuestos a estar solos si es necesario, a caminar contra la corriente si eso significa caminar con Él. El llamado es alto, pero la recompensa es eterna. Si Dios pudo usar a Elías, puede usarnos a nosotros también.

El Espíritu Santo está llamando a una generación que no solo admire a Elías, sino que tome su lugar. No es tiempo de esconderse en cuevas espirituales ni de callar ante la injusticia. La tierra gime esperando la manifestación de los hijos de Dios, no solo de los simpatizantes del Reino. Elías fue valiente no porque no tuviera miedo, sino porque obedeció a pesar de él. Esa es la valentía que Dios demanda hoy: corazones que ardan con Su fuego, incluso cuando tiemblen por dentro. No necesitamos una nueva estrategia, necesitamos una vieja entrega. El altar necesita ser reconstruido, pero solo lo harán aquellos que lloren por la ausencia de Su gloria. No basta con desear un mover de Dios; hay que vivir como quienes lo provocan con sus rodillas y su obediencia.

Los Elías de hoy no se formarán en plataformas, sino en procesos. El quebranto precede a la autoridad, y la soledad suele ser la escuela de los profetas. Dios no unge celebridades, unge siervos. La verdadera autoridad nace de la intimidad, no de la exposición. Quienes anhelan el poder del cielo deben estar dispuestos a cargar el peso del llamado. Elías conoció la sequía, el rechazo y el silencio, pero nunca dejó de creer. Su legado no fue solo el fuego en el monte, sino su fidelidad en los valles. Así también Dios quiere levantar personas constantes, firmes, que aún sin aplausos, caminen con el cielo en su corazón.

La hora es crítica y el reloj del cielo avanza. No hay tiempo para tibieza, para la comodidad ni para la religión sin poder. Dios sigue esperando que alguien diga: "heme aquí". No se trata de edad, posición ni habilidad, sino de disponibilidad. Elías no buscó fama, buscó obedecer. Hoy se requieren hombres y mujeres de fuego, personas comunes con una fe extraordinaria. El mundo está cansado de palabras vacías. Necesita ver a un Dios que actúa, que salva, que sana, que liberta. Pero para eso, Él necesita instrumentos vivos, dispuestos a ser voz en el desierto, fuego en la sequía y esperanza en medio del caos.

RESUMEN

- **El mismo Dios, nuevos escenarios**

  Muestra cómo el poder, la fidelidad y la manifestación de Dios en los tiempos de Elías siguen vigentes hoy, en contextos distintos pero con la misma gloria.

- **La unción transferible: herederos de lo sobrenatural**

Expone cómo la unción que operó en Elías y Eliseo no ha caducado, y puede ser activada en creyentes de esta generación dispuestos a seguir el mismo camino.

- **La urgencia de manifestar a Dios en nuestros días**

Un llamado a ser hombres y mujeres como Elías: que eleven la pregunta "¿Dónde está el Dios de Elías?" y vivan de forma que esa pregunta se responda con hechos y fuego del cielo.

Conclusión: Encontrando Al Dios De Elías En Nuestro Tiempo

La historia de Elías y Eliseo nos ha enseñado que el Dios poderoso que realizó milagros y manifestó su gloria en tiempos bíblicos no está ausente hoy. Más bien, Él sigue activo, presente y dispuesto a manifestar su poder en medio de su pueblo. La clave para encontrar al Dios de Elías está en la fe genuina, la obediencia radical y el compromiso constante con Su voluntad. Este Dios no es un recuerdo lejano ni una figura del pasado, sino una realidad viva que obra en la vida de quienes lo buscan con sinceridad. Como vimos a través de los capítulos, la herencia espiritual y el poder divino se entregan a quienes están dispuestos a seguir, confiar y perseverar. No importa cuán difíciles sean las circunstancias, el Dios de Elías sigue siendo el mismo ayer, hoy y siempre. Nuestra misión es abrir nuestros ojos espirituales para reconocer Su presencia y actuar conforme a Su llamado. Así podremos experimentar Su gloria de manera tangible y transformadora.

Al reflexionar sobre el legado de Elías y Eliseo, comprendemos que Dios se revela en la fidelidad y en la continuidad de Su obra. Él no abandona a Su pueblo, sino que levanta generaciones que continúan Su misión con valentía y convicción. Esta continuidad espiritual nos invita a no vivir en la desesperanza, sino en la expectativa de que Dios puede obrar milagros hoy, como en el pasado. La prueba del seguimiento, como vimos en Eliseo, exige una entrega total, pero ofrece a cambio un poder que trasciende lo natural. La manifestación del Dios de Elías no se limita a señales visibles, sino que se extiende a la transformación de vidas, comunidades y naciones. A través de la oración, la obediencia y el compromiso, podemos ser portadores de ese poder divino. No hay excusas para la incredulidad cuando el mismo Dios que hizo maravillas con Elías sigue presente. Nuestra fe debe ser activa y nuestra esperanza firme en Su intervención.

Este libro ha enfatizado la importancia de discernir la voz de Dios en medio de un mundo ruidoso y lleno de distracciones. El Dios de Elías se encuentra en el silencio, en la oración profunda y en la comunión íntima con Él. No es necesario buscar señales espectaculares para reconocer Su presencia, sino cultivar un corazón atento y dispuesto a escuchar. La relación con Dios es la base para cualquier manifestación de Su poder. Sin una conexión genuina y constante, el ministerio pierde su fuerza y dirección. La invitación es a renovar esa comunión diariamente, confiando en que Dios responde a quienes le buscan con humildad y persistencia. Así, podemos estar seguros de que el Dios de Elías no está lejos, sino muy cerca de nosotros, listo para actuar.

La responsabilidad que conlleva ser portadores de la herencia espiritual también ha quedado clara a lo largo de este libro. No podemos recibir un legado sin asumir el compromiso de vivir conforme a sus principios y valores. Eliseo nos mostró que el poder sin obediencia y sin amor se vuelve estéril. La herencia espiritual es un llamado a la santidad, a la justicia y al servicio desinteresado. Vivir esta responsabilidad implica sacrificios, perseverancia y una fe activa que no se doblega ante las dificultades. Cada uno de nosotros está llamado a ser un testigo fiel, un agente de cambio que refleje la gloria de Dios en su vida cotidiana. El legado de Elías no es solo historia, sino un desafío actual para que cada creyente responda con valentía y entrega.

También hemos aprendido que la manifestación del poder de Dios puede tomar formas diversas y adaptadas a nuestro contexto. No siempre será un fuego del cielo o un milagro espectacular, pero sí puede ser un cambio profundo en el corazón, una liberación espiritual o una transformación comunitaria. Dios obra según Su voluntad y en Su tiempo, y nuestra tarea es estar atentos y disponibles. La flexibilidad y la apertura a lo que Dios quiere hacer hoy son esenciales para no perder Su bendición. Además, el poder de Dios siempre se manifiesta con amor y propósito, buscando edificar y no destruir. Por ello, debemos cultivar discernimiento y un espíritu humilde para reconocer Su obra auténtica. Así evitaremos falsas expectativas y aprenderemos a valorar cada obra del Espíritu Santo.

La historia de Elías también nos recuerda que Dios puede manifestarse en los lugares más inesperados y en las circunstancias más adversas. No debemos limitar a Dios ni encasillarlo en nuestras expectativas humanas. Él es soberano y puede sorprendernos con Su poder en medio de nuestra debilidad. La fe es la llave que abre las puertas para experimentar estas manifestaciones divinas. La confianza en Su soberanía nos libera del miedo y la incertidumbre, permitiéndonos actuar con valentía y esperanza. La herencia que recibimos no es solo para nosotros, sino para impactar a otros y glorificar a Dios. Por eso, cada manifestación de Su poder debe ser un motivo de alabanza y un impulso para seguir adelante.

Hemos visto que el poder de Dios está estrechamente ligado a la obediencia y al arrepentimiento. Elías fue un profeta que confrontó el pecado y llamó a Israel al arrepentimiento, preparando el terreno para que Dios obraras maravillas. De la misma manera, la manifestación del Dios de Elías en nuestras vidas requiere un corazón limpio y dispuesto a apartarse del pecado. La pureza y la santidad abren puertas para que el poder divino fluya sin obstáculos. Este llamado nos desafía a examinar nuestra vida, corregir lo que no agrada a Dios y vivir en integridad. El arrepentimiento no solo es un acto puntual, sino un estilo de vida que mantiene nuestra comunión con Dios intacta. Solo así podemos ser canales puros para Su gloria.

La fe activa y la oración constante han sido pilares fundamentales en el ministerio de Elías y Eliseo. La fe que mueve montañas es una fe que se expresa en acción y en búsqueda constante de la voluntad de Dios. La oración, lejos de ser un mero ritual, es una conversación viva que alimenta nuestra relación con el Padre. Esta conexión espiritual nos sostiene, nos guía y nos fortalece para cumplir el llamado. El Dios de Elías responde a quienes perseveran en oración, quienes claman con un corazón sincero y humilde. Esta práctica espiritual es indispensable para cualquier manifestación auténtica del poder divino. Sin fe y oración, nuestra vida espiritual se vuelve débil y vulnerable. Por eso, estos son elementos que debemos cultivar día a día.

También hemos explorado la importancia del discipulado y la transmisión del legado espiritual a nuevas generaciones. Eliseo fue discípulo y sucesor de Elías, demostrando que la continuidad del poder y la misión depende de la formación y el acompañamiento. Este principio es fundamental para la iglesia hoy. No podemos vivir aislados ni guardar para nosotros mismos la experiencia espiritual. El llamado es a levantar líderes, a enseñar, a acompañar y a formar discípulos fieles. Solo así el legado del Dios de Elías podrá continuar transformando vidas y comunidades. La responsabilidad de transmitir esta herencia es una tarea sagrada que requiere dedicación y amor. De esta manera, la obra de Dios seguirá creciendo con fuerza y propósito.

El poder de Dios también se manifiesta en la capacidad de amar y servir a los demás. Eliseo fue un hombre que mostró compasión y cuidado por los necesitados, reflejando el corazón de Dios. La manifestación del Dios de Elías en nuestro tiempo debe traducirse en acciones concretas de amor, justicia y misericordia. La fe sin obras está muerta, y el legado que recibimos nos impulsa a vivir una fe activa que impacte positivamente a otros. Servir con humildad y amor genuino es una forma poderosa de mostrar que Dios está presente y activo. Por eso, nuestra herencia espiritual no solo se mide por milagros visibles, sino por la transformación de vidas a través del amor. Cada acto de servicio es una expresión del poder divino que mora en nosotros.

Finalmente, al cerrar este libro, reafirmamos que el Dios de Elías está aquí, ahora, dispuesto a manifestar Su poder en nuestras vidas si le abrimos el corazón. No es necesario buscar señales extraordinarias para saber que Él obra; Su presencia se siente en la paz, la fortaleza y el cambio que produce en nosotros. El llamado es a ser fieles, valientes y obedientes, confiando en que Su poder no ha desaparecido ni se ha debilitado. Él es el mismo Dios que ascendió en fuego, que abrió el río y que multiplicó los milagros por medio de sus siervos. Hoy nos invita a ser parte de Su obra, a continuar el legado y a experimentar Su gloria. La fe, la oración, el compromiso y el amor son las llaves para encontrar al Dios de Elías en nuestra generación. Que este libro sea un estímulo para buscarlo con todo nuestro ser y ser testigos de Su poder y gracia. Que la bendición del Dios de Elías nos acompañe siempre en nuestro caminar de fe.

Y así, mientras muchos siguen preguntando: "¿Dónde está el Dios de Elías?", el cielo devuelve la pregunta con poder y urgencia: **"¿Dónde están los Elías de Dios?"**

www.ingramcontent.com/pod-product-compliance
Lightning Source LLC
Chambersburg PA
CBHW021639120626
46545CB00002B/614